# 「初対面の3分」で誰とでも仲良くなれる本

新田龍

中経出版

HOW TO GET ALONG WITH ANYONE YOU JUST MET IN THREE MINUTES

# はじめに

## あなたも今日から
## どんな人とも仲良くなれる！

本書は、「初対面の数分で、いかにして相手と仲良くなって、いい関係を築いていくのか」にフォーカスしたものです。

この本には、難しいテクニックは一切出てきません。むしろ、普段からの心がまえや考え方、つまり「マインド」に関するものがほとんどです。そしてこれこそが、トップクラスのビジネスパーソンが例外なく意識し、実践していることです。

### 1万人のビジネスパーソンと会って気づいたこと

私はこれまで、人事採用担当者として学生を面接したり、キャリアアドバイザーとして社会人の相談にのったり、コンサルタントとして経営者にアドバイスしたりする中で、延べ1万人はゆうに超える人々と面談・インタビューをしてきました。その過程で、「トップ」や「カリスマ」と呼ばれるセールスパーソン、もしくは販売接客のプロフェッショナルの人とも多数お会いしてきましたが、単に「トークのテクニックがうまい」だけの人はひとりもいませんでした。

## 人見知りで、初対面嫌いだった私が……

ここまで「初対面のコミュニケーション」について話をしてきましたが、このように感じる方もいらっしゃることでしょう。

「初対面で仲良くなるなんて、自分には絶対ムリ……」
「そもそも緊張して、何を話していいかわからない……」
「できる人のマネをしたところで、空回りするだけ……」

こんなお気持ちはよくわかります。でも大丈夫ですから、安心してください。

私自身、とりたてて話術に長けているわけでも、普段からネタを豊富に持ち合わせているわけでもありません。流ちょうに話せる人をみて、「うらやましいな〜、こんな風に話せたらな〜」と思っていた側の人間です。

もともと、初対面のコミュニケーションは長い間苦手でした。幼少のころから人見知りで、知り合いはおろか親戚に対してさえもロクにあいさつできない状態。「初めて会う人にこちらから気安く声をかけるなんて」と気後れするばかり、という状況でしたから。

## 「初対面の数分で信頼される」を仕事にする

社会人になってからも苦労は続きます。24歳のときに就いたキャリアアドバイザーという職業は、ビジネスパーソンの転職相談に乗るのが仕事です。自分よりも10歳以上年長の人を相手に、仕事や人生の相談を受けるわけですが、相談時間はおひとりあたり1時間程度。初対面の最初の数分で信頼され、「職場の不満」や「年収」など、デリケートな部分をヒアリングしなければ、核心を突いたアドバイスはできません。若かっただけに「ナメられてはいけない」「少しでも信頼されなければ」と、初対面の印象にはずいぶん気を配りました。他人から信頼を得るコミュニケーションについて強烈に意識したのはこの仕事がきっかけです。

## 初対面で得する人、損する人

一方、「初対面の印象で損してる人が多いなあ」と気づいたのもこの頃のことです。じっくり話せばすごくいい人だったり、優秀な資質をお持ちの方だったりするのに、初対面でのちょっとした表情、態度、ひと言などが原因で、あまり好印象を持たれない人が意外と多かったのです。もちろん「話せばわかる」のですが、そんな人たちは最初の印象のせいで、就職やビジネスなど、人生のさまざまな局面でチャンスを失っているのです。

## あなたの人生を変える55のルール

本書は、これまで出会ってきた「できる人のコミュニケーション」の集大成です。

「実践できて、効果があったもの」、そしてほんとうに「今、この瞬間から試せるもの」「普段から気負わずに続けていけるもの」だけを紹介しています。何しろ、私自身が面倒くさがりで、長続きしないものですから……。ぜひお気軽に実行していただいて、その効果を実感していただきたいのです。

本書をお読みいただくことで、あなたは、

**「初対面で誰とでも仲良くなれる」**
**「初対面で誰とでも会話を続けられる」**
**「初対面で誰とでもその後の関係を築ける」**

ようになり、今後の人生は劇的に変わることでしょう。

本書でご紹介するルールは、全部で55あります。ぜひ本日から実践いただいて、ビジネスや日常生活でアドバンテージを得ていただければと願っています。

CHAPTER 01

# 01 → 10

HOW TO GET ALONG WITH ANYONE
YOU JUST MET IN THREE MINUTES

# CONTENTS

CHAPTER 02
## 11 → 20

## 一瞬で心をつかむ「あいさつ」の基本

CHAPTER 03

# どんな人とも会話が続く！「初対面のコツ」

CHAPTER 03

## 21 → 30

HOW TO GET ALONG WITH ANYONE
YOU JUST MET IN THREE MINUTES

# CONTENTS

CHAPTER 04

## 31 → 38

## この「質問」で会話がどんどん盛り上がる！

CHAPTER 05

# 39 → 46

## 「会話がとぎれたら使いたい」8つのテクニック

# CONTENTS

HOW TO GET ALONG WITH ANYONE
YOU JUST MET IN THREE MINUTES

CHAPTER 06

CHAPTER 06
47 → 55

## ワンランク上のステージへ！「できる人の話し方」

装幀・本文デザイン／DTP　中村勝紀（TOKYOLAND）

校正　秋庭千恵

CHAPTER
01

# これだけやれば大丈夫！
# 「初対面の心がまえ」

3 MINUTES TECHNIQUE

01

# 「実はみんな緊張している」

## あなたの初対面も必ず変わる

ビジネスでもプライベートでも、人間関係では「ギブアンドテイク」が大事だとよくいわれますよね。相手のニーズを察し、くみとって、提供するのが有効なのは皆さんご存じの通りでしょう。

ではその「ギブ」にはどんなものがあるでしょうか。

たとえば、結婚式の二次会や、異業種交流会、何らかの懇親会など。初めて見る顔ばかりで、完全なアウェイ気分になるときがありますよね。

「誰か話しかけてくれたら、喜んで会話するのに……」。ここで、「誰とも会話せずその場をやりすごす」という選択肢もありますが、また同様のシチュエーションに遭遇したとき、何もできない自分に嫌気がさしてしまうかもしれません。

## 最初のひと言は自分からかける！

ここでイメージしてほしいのは、周囲の人の感情です。**そこにはあなた同様に、アウェイ気分でいたたまれない状態の人が必ずいます。**では、その人の心境はどのような感じでしょうか。恐らく今のあなたと同様、「話しかけられたら喜んで対応する」モードになっているはずです。

なので、そこで少しだけ勇気をもって、自分から話しかけてみましょう。

「主宰者とはどういうご関係なんですか？」

「いやー、こんなに人が多いと、気後れしちゃいますよねぇ」

といったたわいもないところからで構いません。相手も話し相手がほしかったのであれば、話しかけてくれたあなたに心の中で感謝して、会話も続いていきます。そう、

01
02
03
04
05
06

あなたは単に自分から話しかけただけなのに、相手からは「ひとりぼっちだった私に話しかけてくれたイイ人」になってしまっているんです。

「誰か話しかけてくれないかな」
「ひとりぼっちで心細い。どうしよう」

こう思っているのはあなただけではありません。それを覚えておいてください。

仮に、自分から話しかけて会話が盛り上がらなかったとしても、「会話がひとまず終了した」というだけで、別にあなたの価値が下がったわけではないんです。気にすることは何もありません。

誰とでも仲良くなれる人は、決して「仲良くなってくれるのを待っている」、受け身な人ではありません。ほんの少しの勇気で自分から語りかけができる人なんですね。

明日からやってみよう

## 自分から声をかけるだけで、感謝される

## 最初のひと言を自分からかけてみる

知らない人
ばっかりだ…。
どうしよう
だから
今日はどこから
来られました？
やった！

**声をかけただけで感謝される**

3 MINUTES TECHNIQUE

02

# ポジティブな言葉を意識する！

## 「与える者は与えられる」

経営の神様、松下幸之助氏は、商売についてこのように語っていました。

「世の中に与えた10分の1のものが、自分に利益として返ってくる」

**英語でも同様、「givers gain」という表現があるように、「得ようと思えば、まず与えなくてはいけない」という考え方は万国共通**なんですね。「自分は何にも得られてないな〜」と思う人は、まず「その10倍くらいのギブができているか？」と考えてみるのが有効でしょう。

前置きが長くなりましたが、これは言葉も同じ。普段の会話で、相手がポジティブな気持ちになるような言葉をどれだけ与えているでしょうか。

「IT業界のお話、初めて聞きました。すごく面白いです!」
「へぇ～、すごいお仕事をされてるんですねー」
「そうなんですか! いやー、勉強になります!」

初対面の会話でも、これくらいの反応はできるはずですよね。このようなひと言を言われたことがある人ならわかっていただけると思いますが、ポジティブな言葉の威力は絶大です。言われた側は「自分は期待されてるんだ!」というパワーを得て頑張る気になりますし、言ってくれた人（すなわちあなたです）に対しても「自分に期待してくれている人だ」と好感と信頼を持つようになります。

明日からやってみよう

## 常にポジティブな言葉を投げかけよう

3 MINUTES TECHNIQUE

03

# 初対面の気まずさはなぜ生まれるのか？

## 相手の「話したいこと」を受け止めよう！

「Aさんって、どんなお仕事されてるんですか」

「しがないサラリーマンですよ」

「……」

「そちらのオフィス近くにはよく伺ってますんで、一度ランチでもいかがですか」

「そうですね、ただ今月はずっと忙しくてなかなか……」

「……」

いくらこちらからあいさつしても、そして相手にポジティブな言葉をギブしたとしても、相手が反応してくれないことが残念ながらあります。でも、それだけで「だから話しかけるのなんてイヤなんだ……」と思ってしまうのはもったいない限り。

## 最初の反応が悪くても、気にしない

仮に悪い反応が返ってきたとしても、そこから学べることもたくさんあるんです。その反応の原因が自分にある場合は、たとえば「声が聞こえにくかった」「笑顔がなくて固い印象を与えてしまった」「相手が別のことに集中していて、タイミングがよくなかった」などという理由が考えられます。

相手にある場合も、「緊張していてどう対応したらいいかわからなかった」「あなたがどんな人かわからず警戒していた」「そもそも話す気がなかった」というように、さまざまなパターンに分けられるものです。

**相手からいい反応がこないと、ついつい自分の非を責めてしまいがちですし、「自分に魅力がないから……」などと極端に感じてしまう人もいます。**でも、相手があな

たにまったく関心がなく、話したくもないと思っている可能性はごく低いものです。

## 人には「話したいこと」があるもの

人には必ず「話したいこと」「聞いてほしいこと」があります。先ほどの例でいえば、「しがないサラリーマン」と答えたということは、その人は仕事の話をしたくないのかもしれません。逆に、「私はランニングが趣味なんですが、何かされていますか？」「休みの日はどんなことをされていますか？」と聞けば、「待ってました！」とばかりに話し出すかもしれません。

大切なのは「どんなときに、相手がどんな反応をしたか」をしっかりと把握することです。**「反応が悪い＝話したくない or 話せない」**。これを知っておくだけでも、初対面特有の気まずさ、沈黙が気にならなくなります。まずはこの「ギブアンドテイク」を意識して、実践してみましょう。

明日からやってみよう

**相手の反応をしっかり受け止めよう**

## 人には「話したいこと」があるもの

仕事は
どうですか？
まぁまぁです
三連休は
どうでした？
実はすごく
楽しいことが
あって！

**「話したいこと」を受け止めてあげよう**

3 MINUTES TECHNIQUE

04

# 言葉よりも「気持ち」に反応しよう！

## 大切なのは相手の気持ちをつかむこと

初対面に限らず、コミュニケーションをとる上で必ず押さえておいてほしいポイントがあります。あなたは次のような言葉をかけられたとき、どのような反応をしていますか？

「苦労していた商談がようやくまとまりまして……」

「今月はずっと残業続きで……」

これらの言葉は往々にして次のように続きます。

「苦労していた商談がようやくまとまりまして、すごくうれしかったんです」

「今月はずっと残業続きで……、働いているのに達成感が少なく、非常に不本意な思いなんです」

## 「うれしい」に反応しよう！

これらは発言者の「気持ち」の表れであり、聴き手に対して何らかの反応やアクションを求めるものです。そう考えると、この場合のコミュニケーションは表面的にやりとりされる言葉よりも、その源にある「意図」や「意思」をつかむことがより重要であることがわかります。

たとえば、こんな場面を経験されたことはないでしょうか。

相　手「苦労していた商談がようやくまとまりまして、すごくうれしかったんです」

（このうれしい気持ちを共有したい！）

あなた「へぇ」

（おお、うれしかったのか。それはよかったなあ）

相　手「……」

（何だその反応は……。ちゃんと聞いてるのか!?）

あなた「……」

（あれれ、なんかよくわからないけど、不機嫌になっちゃった……）

しっかり聴いているつもりだったのに、話し手にそんなふうに思われてしまってはやりきれませんよね。しかし、コミュニケーションを単なる「出来事の共有」や「言葉のやりとり」と捉えている限り、こんな反応になってしまいがちなのです。

聴き手として心がけるべき重要な点は、「出来事」よりも相手の「気持ち」に焦点を当てる、ということです。具体的にはこのような形が理想的ですね。

相　手「苦労していた商談がようやくまとまりまして、すごくうれしかったんです」

（このうれしい気持ちを共有したい！）

あなた「おお、そうですか！　それは誇らしい気持ちになりますよね！」
（それはよかった。すごくうれしかったんだろうな）
相　手「そうなんですよ！　それで……」

相手が話しているのは「ポジティブ」なテーマでしょうか。それとも「ネガティブ」なテーマでしょうか。

話をきちんと聴いて察知し、ニュアンスを感じとりましょう。そして、そのニュアンスに合った「感情を具体的に表現する言葉」を返すことで、「あなたの話をキチンと聴いていますよ」「言ってることを理解してますよ」と示すことができます。

明日から
やってみよう

## 言葉に隠れている感情に敏感になろう

3 MINUTES TECHNIQUE

05

# 人をほめると、どんどん会話がはずんでいく

## 相手のいいところを見つけよう

初対面では相手をほめるのが有効、というのはなんとなく知っていても、「実際にやるのは難しいよな」と思われている方が多いのではないでしょうか。

うまくやるポイントは、「相手に好意を持って接する」ということ。私の場合、「何か相手のいいところをひとつは見つけて、それを本人に伝える」ことを意識的にやるようにしています。

「Aさんってエネルギーあふれる印象ですよね。私まで元気になります」

「へぇ〜、お若くしてマネジャーですか！　すごい。ぜひ秘訣を教えてください」

## 「ほめる」と「おべっか」の違いとは？

人は相手に関心や好意を示されると、自分もその相手に自然と好意を抱いてしまうもの。相手のよいところを探すゲーム感覚でとり組め、イイと思った長所は自分でもとり入れて成長でき、相手からは好意が返ってくる。一石三鳥の心がまえですね。

「いいところを見つけてほめる」のと「おべっかを使ってヨイショする」のはまったく異なります。後者の場合、「こう言えば気に入ってもらえるだろう」という自己中心の思考が見え隠れしてしまうので、「心にもないことを……。適当なヤツだな」と感じられてしまっても仕方ありません。

しかし、前者は相手目線なのです。「相手のいいところについて実際に自分がこう感じた」ということを伝えていますから、相手にとってもメリットのある情報になります。

そして、この「いいところを見つける」ことを心がけていけば、相手の本音を聴き出すことができ、さらに会話も深まっていくメリットもあります。たとえば、

01
02
03
04
05
06

あなた「それだけのご実績をお持ちなのに謙虚なご姿勢で……、驚きました」
相　手「いやいや私なんてまだまだですよ。昔はだいぶ高慢な人間で……」

などといった形で、相手も少し心を開いてくれて、もっと深い情報や本音が聴けることが多いんですね。そうすれば、

あなた「おお、そうなんですか！　そのお話、詳しく聴かせてください！」

というふうに、どんどん深めていくことができるようになります。そして、お互い深い話ができるくらいに自己開示できれば、相応に信頼も高まるというものです。

明日から
やってみよう

## 会った人のいいところを見つける習慣をつける

## 人をほめると、会話がどんどんはずむ

3 MINUTES TECHNIQUE

06

# 効果的なほめ方、3つのコツ

**これであなたもほめ上手に！**

人をほめるのはなかなか難しいものですが、これまでの実体験と試行錯誤の結果として、現在は次のような点を心がけています。

**①感じた瞬間、すぐに言う**

「そんなことか……」と思われるかもしれませんが、実に重要です。**初対面であれば、印象、服装、持ち物、話の面白さ。二度目以降であれば、髪型、オンとオフのギャップなど。**「すぐに」というスピード感は、なんといっても、相手へ強い印象を与える効果があります。

また「口に出して言う」ことも重要。当たり前ですが、心で思っているだけでは伝わりません。

誰かに言われてしまったらすべてが二番煎じになってしまい、その分インパクトがなくなりますし、タイミングを逃がすといかにもとってつけたように聞こえてしまい、効果的ではありません。

人のことをほめ慣れてない人にとっては少し抵抗があるかもしれませんが、最初だけです。一度でも言ってみて、相手の心地よい反応を体感してしまうと、恐らくまた言いたくなるに違いありません。「みんなほめられたがっている」、このことをよく覚えておいてください。

## ②いいと思った点を具体的に説明する

一般的な形容詞を言うだけでは、相手の印象に残らないばかりか、かえってウソくさく聞こえてしまうものです。せっかく勇気を出してほめたのに、これでは不本意ですよね。相手にそのように感じさせないポイントは、具体性です。

×「なんか貫禄ありますよね」

○「お話のされ方なんかが場慣れしている感じで、堂々とされてますよね。私なんかは緊張しちゃうもので、すごく貫禄があるなあと思います」

このように具体的に説明されることで説得力が増し、「ほんとうにそう思ってくれているんだな」という安心感、信頼感につながるのです。また、**もし本人が気づいていないところをほめられれば、相手に「自分のいいところ」を教えたことになる**わけで、感謝もされるでしょう。

**③印象ではなく、自分の感情を言う**

これも、ウソくさく聞こえなくするポイントです。印象面だけの話だとどうしても表面的に聞こえてしまいます。ぜひ自分がどう感じたのか、どう思ったのかという主観を伝えてください。

×「ステキなスーツですね！」

○「おおー、スーツが折り目正しくピシッとされてて、実に清潔感があっていいですね！　憧れてしまいますよ！」

このように言われれば「ほほう、そんなふうに思ってくれているのか！」と相手にパワーを与えることにつながりますし、当然ながら親近感も人一倍わくことになるでしょう。

ちなみに、この「私はこう思う」「こう考える」という言い方は、話の説得力を増すばかりでなく、話し手の発言への信用度を高める効果もあります。

明日からやってみよう

**ほめ方のポイントは、「すぐ言う、具体的、感情を交える」**

3 MINUTES TECHNIQUE

07

# ほめるときの注意点も押さえておこう

## 間違いやすい2つのポイント

ほめられることで、人はいい気分になります。

いい気分になることで、あらゆる物事に対してのモチベーションが高まる状態になるわけです。人を動かすにあたって「ほめる」という行為は有効な手段のひとつではありますが、間違った使い方をしてしまうと、台無しになる繊細なものでもあります。

以下2つ、注意すべき点を見てみましょう。

**①ほめすぎない**

言葉が多いほど、対象をより詳しく説明できることもあるため、人によってはついつい「オシャレですね」「いいセンスですね」「素晴らしいですね」と、ことあるごとにほめ言葉を連発することがあります。しかし残念ながら、これは逆効果です。

## ほめすぎても逆効果!

「言葉数」と「メッセージの伝わり方」は比例せず、言葉がすぎるとむしろ調子のいい「おべっか」や「ヨイショ」になってしまいます。**「ほんとうにいいなあ」と思ったときに、ズバっとひと言述べる程度にしておきましょう。**

一度「言葉に重みがない人だな……」と思われてしまうと、せっかくの「ほめ」が伝わらないだけではなく、大事な話でさえも「なんだかうさんくさい……」というふうに、あなたが発する言葉自体の信用がなくなってしまいます。これは大きな損失ですので、発する言葉は一語一語に気をつけて臨みましょう。

私自身も、相手のいいところをすぐに言ってしまうクセがあり、ついつい言葉数が多くなってしまいます。これまでは「よい点を言われて、うれしくない人はいないだろう」くらいの感覚で言っていたんですが、ある機会に「さすがに言われすぎると『ハァ、もうわかりましたよ……』とげんなりする」と指摘されてしまいました。
それ以降、きちんと「一定の重さをもって伝える」ことも重視しています。

**②ほめる対象を間違えない**

×「いいスカーフですね！」
○「こんなスカーフが似合うとは、さすがのセンスですね！」

×「俳優のA氏に似てますね！」
○「目ヂカラがあって、凛とした雰囲気で、いいですね。どこかの俳優にいそうだな！」

×「それはさえたアイデアだな！」
○「君はいつもいい意見を出すなあ！」

例をご覧いただければおわかりですよね。

**ほめる対象はあくまで「相手」そのものであり、相手の持ち物ではありません。**また相手が有名人に似ていると、つい似ているという事実だけを言ってしまいがちになりますが、「相手の何がいいのか」が伝わらなければほめ言葉にはならないのです。

また、相手のアイデアをほめることは決して悪くないのですが、せっかくですので「そのアイデアを出した、さえた話し手」をほめてあげてください。自分自身のセンスや容姿、そしてアイデア創出力をほめられた相手は、それだけで自信を持ってくれることでしょう。

明日からやってみよう

## 「ほめすぎ」と「ほめる対象」に気をつけよう

3 MINUTES TECHNIQUE

08

1週間後も記憶に残る　最強の名刺交換①

# 「最初のあいさつは丁寧に」

## 初対面は、名刺交換から始まる

ビジネス上で新しく人と出会うとき、まず通過するのがこの「名刺交換」という儀礼です。だからこそ、会ってから1週間たっても印象に残るくらいの、最高の名刺交換をやりたいものですよね。

### 「交換すること」が目的ではない

そもそも名刺交換というのは、交換すること自体が目的ではなく、その後の訪問やビジネス取引など「次のアクションにつなげること」が大事なわけです。とすると、名刺を交換した瞬間から、お互いの関係性を次のステップにつなげていくためのコミュニケーションをとっていかねばならないということになります。

これまで私自身も何万人という方とお会いして、「この人ともっと話したいな」「話してて心地よいな」と感じ、特に印象に残った人は確実にいらっしゃいました。思い返してみると、共通していたのは次のような点です。

**①最初のあいさつが丁寧**
**②会話を広げようとしてくれる**
**③今後もつながっていきたいという姿勢を示してくれる**

具体的にはどういうことなのか。ここでは①を詳しく見ていきましょう。

### ①最初のあいさつが丁寧

「はじめまして！　よろしくお願いします！」

しっかりと腰からお辞儀してあいさつする、相手の目を見て話す、といった基本的な事項はもちろん重要。特に名刺交換の際は、ついつい名刺ばかりに目がいってしまって、相手の目を見てあいさつすることがおろそかになりがちです。そこを意識して実践するだけでも、きちんとした人柄が伝わりますね。

## 名刺は相手の分身と考える

そして、さらに効果的な心がまえがあります。それは「名刺の扱いが丁寧」であること。名刺はいわば相手の分身と考え、相応の丁寧さで扱い、話している間は名刺入れから出しておくこと、そして名刺そのものを胸の高さより下にしないといった配慮を徹底したいところですね。名刺を受けとってすぐに名刺入れにしまわれてしまうと、「自分に興味がないのかな」と相手に思わせてしまうかもしれません。

明日から
やってみよう

**名刺は「相手の分身」として丁寧に扱う**

## 最初のあいさつは、とにかく丁寧に

### 「名刺 = 相手の分身」と考える

- 丁寧に扱う
- 話している間は名刺入れから出しておく
- 名刺を胸の高さより下にしない

- 乱暴に扱う
- すぐに名刺入れに入れる
- 名刺を胸の高さより下に持つ

01
02
03
04
05
06

3 MINUTES TECHNIQUE
09

1週間後も記憶に残る　最強の名刺交換②

# 「名刺から会話を広げる」

## 名刺は会話ネタの宝庫

名刺を受けとった相手が、内容をネタにして会話を広げようとしてくれることがあります。

「おお、オフィスは広尾なんですね！　私もよく行くエリアですよ！」
「へえ〜、この○○スペシャリストっていうのは、どんなお仕事なんですか？」

このような反応は純粋にうれしいものです。何かしら共通点があったり、同じ土俵で話せることがあったりすると親近感がわきますので、その後の会話もスムーズに広がっていきます。**また心理学的に見ても、「質問される」ということは「あなたに興味があります」というメッセージ**として捉えられますので、される側にとって心地よいものです。

名刺にもよりますが、紙質、色やデザイン、フォント、社名、肩書、ゆかりの場所、仕事上でのツナガリなど、会話のネタは一見するだけでもいろいろと出てくるものです。

## 名刺から話を広げるのはカンタン！

またその名刺をネタに、共通の業界・職種、勤務エリア、知人など、何かしらの共通点が見つかれば、親近感で会話が盛り上がり、一気に距離が縮まる効果が期待できます。そのほか、仕事やプライベートで相手のオフィス近辺によく行くのであれば、「同じビルにお客さんがいる」とか、「近くのランチスポット」といった話題もいいですね。

私の場合、名刺のデザインも内容も、「いかに突っ込まれるか」にこだわってつくっています。表面は社名も肩書も何もない名前だけ。フォントは活版印刷をイメージした新宋体。２つ折にした中身は自身の連載や書籍、どんな仕事をしているかに関する情報。そして裏面には写真つきの肩書と、略歴兼簡単な自伝を書いています。

## あなたの名刺は「働いて」いますか？

ちなみに、名刺を渡した相手から、「どんなお仕事をされているんですか？」と聴かれたことがある人は要注意です。本来、「どんな仕事をしている人なのかについて書いてあるもの」が名刺であるはずですから、質問されること自体おかしいですよね。そんな人の名刺は「きちんと仕事をしていない」のかもしれません。初対面の人がパッと見たときに、事業内容や担当職種内容がすぐわかって、相手に興味を持ってもらえる内容になっているかどうか確認されることをオススメします。**「わかりにくいな」と自分でも思うようであれば、「こんな仕事です！」と簡潔に言う練習をしておきましょう。**もしくは、「素っ気ない名刺で……」と話のネタにするのもいいですね。

明日からやってみよう

**名刺から話を広げる練習をしよう**

## 名刺から話を広げるのはカンタン

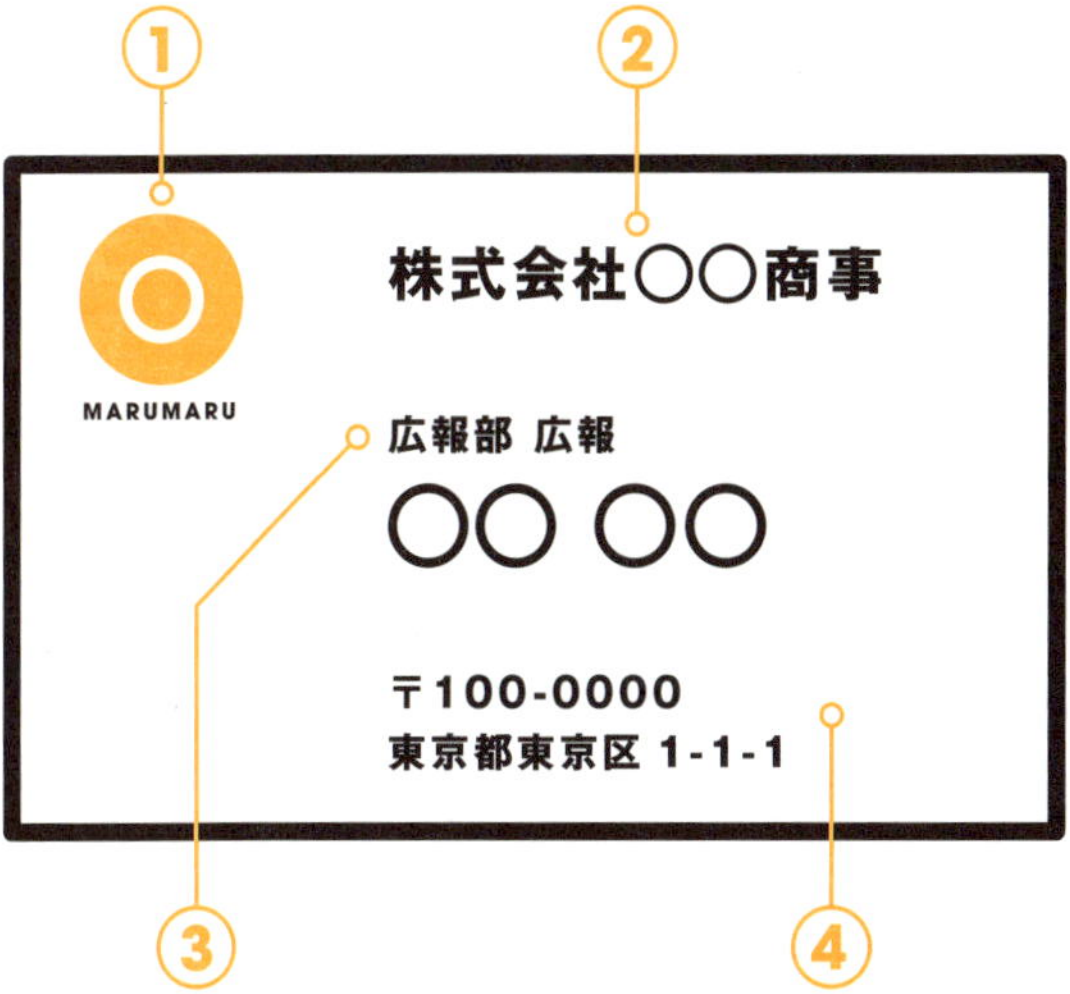


1. ロゴマーク → 意味を聞く
2. 社　名 → 何の会社か聞く
3. 職　種 → 仕事の内容を聞く
4. 住　所 → 最寄り駅などを聞く

3 MINUTES TECHNIQUE

10

## 1週間後も記憶に残る　最強の名刺交換③
# 「また会いたい気持ちを示す」

### 出会いを一度きりで終わらせない

名刺交換して、ちょっとした会話も交わした。であれば、「次回のアクションに向けて提案を行なう」というのがその次の段階になります。たとえば、

「ご勤務は汐留なんですね。その付近は仕事でよく行くので、よろしければランチでもどうですか」

みたいな感じですね。私自身も、先にある予定を常にチェックしておき、とりあえずお声がけだけでもするようにしています。

「来週の火曜は朝7時から朝食会なんです。いろんな領域の経営者が集まって、ビジネスを融通し合ってますからなかなか刺激的ですよ」

## 「勧誘」ではなく「提案」しよう

「勧誘」ではなくて「提案」ですから、決して無理強いはしません。こちらは、相手が判断できるだけの情報を出すだけで十分なんです。行くか行かないかは、相手に任せてしまいましょう。

目の前の相手と、今後も関係を継続していきたいかどうか。その場で判断して、その場でアクションをとることをオススメします。「では、まあそんなところで今後ともよろしく……」といった、実りのない会議のシメみたいな終わり方だけはやめましょう。期限を切って、次のアクションへ一歩踏み出してください。

明日から
やってみよう

## ランチや交流会などにどんどん誘ってみる

まとめ

CHAPTER 01

# これだけやれば大丈夫！「初対面の心がまえ」

1 最初のひと言は、自分からギブする

2 初対面のとき、実はみんな緊張している

3 言葉よりも相手の「気持ち」に反応する

4 人をほめると、どんどん会話がはずむ

5 名刺は相手の分身と考えて、丁寧に扱う

CHAPTER
02

# 一瞬で心をつかむ「あいさつ」の基本

HOW TO GET ALONG WITH ANYONE YOU JUST MET IN THREE MINUTES

3 MINUTES TECHNIQUE

11

# あいさつは必ず「先手」をとる!

## 心理的なリードと、余裕が生まれる

プライベートでもオフィシャルな場面でも、初対面では必ず「先手をとる」ことを心がけましょう。つまり、第一声はなんとしてでもこちらからかけるようにするのです。先手の声がけは、相手をリードし、人の心をつかむ力を持っています。これを意識的にやられている方はかなり少ないと思います。ゆえに、できる人とできない人とで大きな差がついてしまうのです。

### あいさつは、相手を認める行為

あいさつの本質を知るには、「挨拶」という漢字の語源について知るのがいちばん

です。「挨」という文字には、「押し開く」「互いに心を開いて近づく」という意味があり、「拶」には、「迫る」「すり寄る」といった意味があります。つまり、お互いに心を開いて相手に迫っていくことが「挨拶」なのです。だからこそ、自分から率先してあいさつすることで、その好意は自分にも返ってきます。

逆にいえば、**「相手からあいさつされるのを待つだけで、自分からあいさつしない」という人は、「相手に心を開いていない」**ということであり、相手を無視しているのと同じことなんですね。

## 「伝わらないあいさつ」をしていませんか？

あいさつは、相手に伝わって初めて成立するものですが、せっかく好印象が与えられるコミュニケーションの機会なのに、きちんと生かせていない人によく会います。こんなご経験はないでしょうか。

あなた「おはようございます！」

相　手「おはようございます……」
（なんか元気ないなあ、この人……）
あなた「こんにちは。はじめまして！」
相　手「……」（軽い会釈だけ）
（あれ!?　何だろう……、私嫌われてるのかな）

このような「こちらからあいさつをしたのに、無視同然だった」「きちんと返してもらえなかった」反応は意図的にしているわけではないはずです。たとえ悪気がなくても、こうした反応をしていては、やがて誰からもあいさつされなくなります。それはすなわち、「その人に心を開かなくなる」ことと同じなんですよね。

明日から
やってみよう

# 「あいさつは先手必勝」と考える

## あいさつは、心を開く行為

あいさつができないと、誰も相手をしてくれない

きちんとあいさつをするだけで好感度アップ

3 MINUTES TECHNIQUE

12

# いいあいさつが、いい出会いをつくる

## 「あいさつさえできない人」が増えている！

「コミュニケーションの本なのに、今さらあいさつの話をされても……」と思う人もいらっしゃるかもしれませんね。逆にいえば、そのように軽く考えている人が多いからこそ、「あいさつさえできない人」が増えるのです。それだけに、徹底すれば人間関係でのアドバンテージがとれます。実際、人脈に恵まれ、いつも人の中心にいるタイプの人たちは、このあいさつを実に戦略的に活用しています。

### あいさつは、自分の好意を伝える行為

ちなみに、あいさつとは「おはようございます」とか「こんにちは」といったよ

うな定型的なものだけを指すのではありません。いうなれば、「人間関係を強化するために有効なひと言はすべてあいさつ」ということですね。

たとえば、**会った相手が何かしら楽しそうであれば、「何かいいことあったんですか？」とひと声かけるのもあいさつ。**2回目に会った人が、前回とは違って浮かない印象であれば、「今日はどうしたんですか……」とか「何かお困りのことでもおありですか」などと配慮するのもあいさつなんです。

そのように最初に「相手に関心がある」「相手のことを気にかけている」という気持ちが伝われば、お互いの親近感や信頼関係は自然と構築されるものですよね。こうしたちょっとした気遣いひとつできるだけで、ビジネスもプライベートも劇的に変わります。繰り返しになりますが、「あいさつなんて……」と考える人が多いだけに、しっかり実践するだけで、あなたの大きな武器になります。

明日からやってみよう

**「あいさつなんて……」と馬鹿にせず、しっかりやる**

3 MINUTES TECHNIQUE

13

# 笑顔が大切なほんとうの理由

## ムスッとした顔の人に話しかけたいですか？

第一印象で大きな影響を与えるポイントは、なんといっても「笑顔」と「目線」。今さらその効用を説くまでもありませんが、実際に研修などで「これまで初対面のときの印象がよかった人の共通点は？」といったことを思い返してもらうワークをやると、必ずトップにくるのもこの2つなのです。

### 販売のプロが教える笑顔の力

某有名ブランドC社で販売職として入社し、初年度に全国MVPを獲得したNさんも、くしくも似たようなことをおっしゃっていました。

「周囲の人からは『いつも笑ってるよね』とか『楽しそうだよね』とよく言われました。多分、お客さんから声をかけていただきやすかったんじゃないでしょうかね。あと、周囲をキョロキョロ見回したり、不自然じゃない範囲でお客さんの視野に入って、目が合うようには仕向けていました（笑）」

不特定多数の接客に慣れている人でこうなんですから、初対面ならばなおのこと。「今さら笑顔なんて……」と軽く考える人ほど要注意。普段から無表情であったり、キツめの表情をしていたりする人はすぐに変えていくことをオススメします。

逆に考えてみましょう。たとえば、「今日は上司の機嫌が悪そうだな」「今、先輩には話しかけないほうがよさそうだ」などと判断するとき、何を基準にしてますか。恐らく、相手の表情ではないでしょうか。**ムスッとしていると、それだけで周囲の人は雰囲気を敏感に感じとります。初対面の場合ならなおさら重要なポイントですね。**

もし笑顔でなかった場合、相手に「怖そうな人」と思われていまいます。

明日からやってみよう

## 笑顔でいるだけで、人から話しかけられる

3 MINUTES TECHNIQUE

14

# 誰からも好かれる笑顔、ポイントはひとつだけ！

## 笑顔のつくり方、知っていますか？

笑顔が重要とはいっても、普段から鏡をチェックし続けるわけにもいかないし、なかなか難しいという方もおられるかもしれません。では簡単に笑顔を実践する方法をお伝えしましょう。

まず白紙に円を描いてみてください。そこに、ご自身の「目」だけを書き入れるのです。できましたか？　点のような小さな目。大きな目。下がった目、上がった目。何でもOKです。これだけだと、怒ったようにも悲しいようにも、また無関心なようにも見えてしまうんですが、ここに「スマイルマークの口だけ」を書き入れてみてください（63ページを見てください）。

あら不思議。すべての顔が笑顔に見えてきませんか。この通り、笑顔のポイントは「上がった口角」なんですね。**どんな目をしていても、口角さえ上がっていれば笑顔になるんです。口角を指で持ち上げ、その周囲の筋肉をほぐす習慣をつけましょう。**自然な笑顔がつくれるようになります。

笑顔は、生来のものではありません。語学やスポーツなどと同じで、練習するものなんです。

## 笑顔をさらに輝かせよう

周囲でもいませんか。笑顔なだけで、キャラクターが確立しているような人が。笑顔は、その人の周囲にやわらかい雰囲気をつくります。それだけで、周囲に人が集まってくるようになるんです。であれば、初対面での笑顔がどれほどのパワーを持っているか、もうおわかりですよね。

とはいえ形だけの笑顔だと、何か企んでいるようで、相手からバリアを張られてしまうかもしれません。では、ほんとうに相手を心底から安心させる笑顔とはどんなものでしょうか。

私はそれを、「感謝」だと考えています。「自分の話を聞いてくれてありがとう」という思いです。少し意地の悪い言い方になりますが、そもそも相手にはあなたの話を聞く絶対的な義務などありません。聞くかどうかは相手が決めることです。そう考えれば、

「私との会話に、貴重な時間を割いてくれてありがとうございます」
「私の話を聴いてくれてありがとうございます」

という気持ちを持つこともできるでしょうし、逆にこの気持ちがあれば、笑顔は自然に出てきます。そして、その心底からの笑顔に、相手の心は引きつけられるものです。

明日からやってみよう

## 口角の筋肉をほぐして、ステキな笑顔を！

## 笑顔をつくるのはカンタン

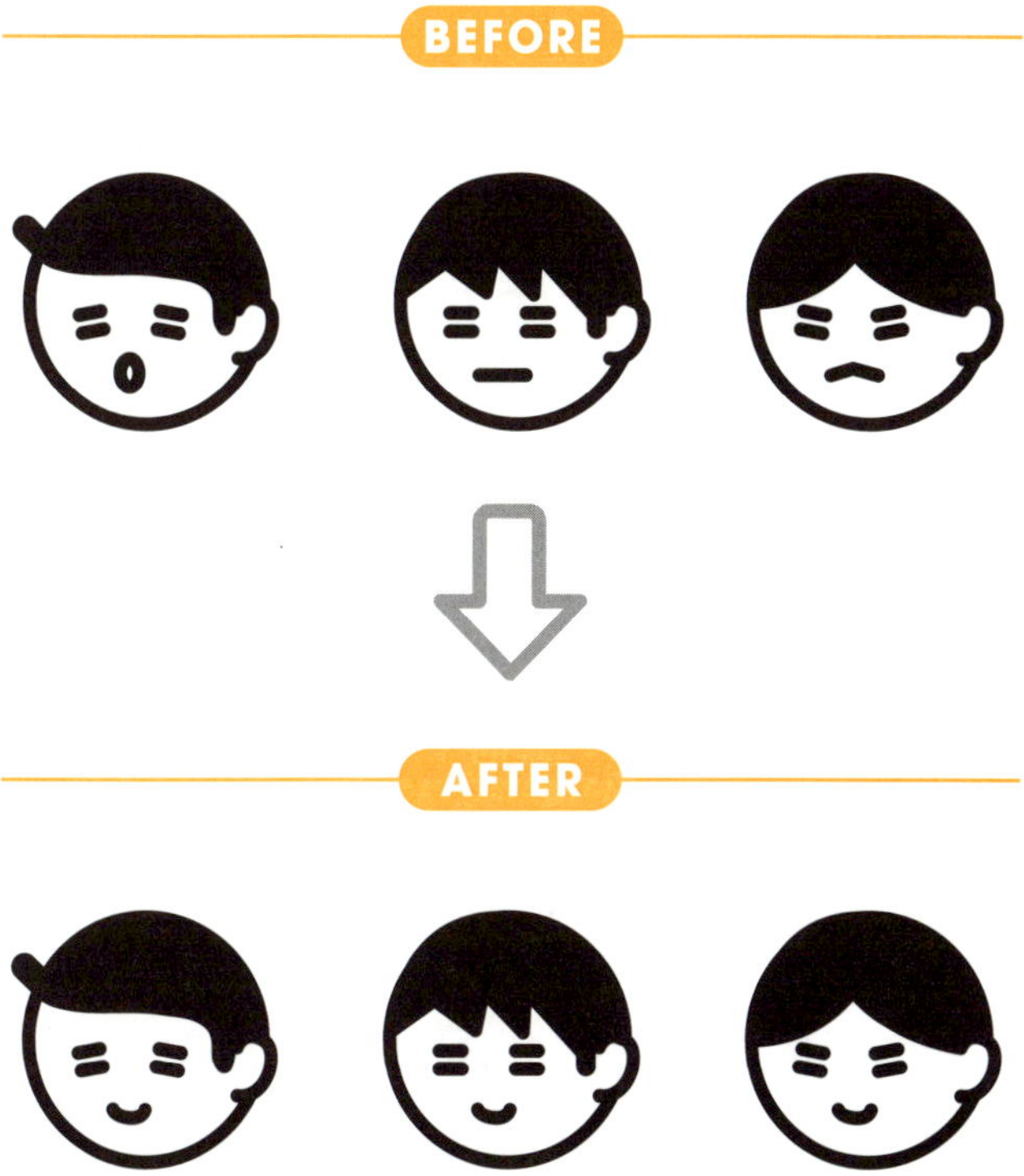




**笑顔をつくるポイントは「上がった口角」**

3 MINUTES TECHNIQUE

15

# アイコンタクトの上手なとり方

## 目は口以上にモノを言う

「目ヂカラ」という言葉に対して「死んだ魚のような目」という言葉があるように、アイコンタクトの持つパワーは大きなものです。とある大手人材サービス企業で役員を歴任し、現在は自身で会社を経営しているS氏は、「社員を採用するときの決め手は、その人の過去の実績でも志望動機でもなく、目だ。目を見ればわかる」と断言します。確かに私も面接官を長年やっていますので、ある程度目でわかることはあります。

たとえば、自信のない人はこちらからの質問に対して目がキョトキョト動き、まさに「目が泳ぐ」状態になってしまいます。逆に根拠ある自信を持った人は、目が

落ち着いていて、しっかりとこちらを見据えてくるものです。

初対面でのアイコンタクトの重要性は、これとまったく同じです。**目を合わせないと、相手にとっては無視されたか、自分のことを軽く見られているように感じ、「不安」もしくは「不快」な感情を抱かせてしまいます。**一生懸命何かを話そうとしているときに、キョロキョロされたり、目線を外されると不安になりますよね。

あいさつの最初の数秒は、きちんと相手の目を見ましょう。よく名刺交換の場面などで、名刺ばかりを注視して、肝心の相手に目をやらないなんてことが見受けられますが、悪気がなくても、これは「相手に関心がない」と言っているのと同じです。ささいなようで、大変重要なことですね。

「相手の目を正視するのはためらってしまう……」ということであれば、相手の目と目の間を見ましょう。いずれにしても、こればかりは普段から意識しておかないと身につきません。日常の会話、特に上司や先輩と話す際には、意識的にやりましょう。

明日からやってみよう

## 名刺ではなく、相手の目をしっかり見よう

3 MINUTES TECHNIQUE

16

# 正しいお辞儀ができていますか？

## 「自分はできる」と思っている人ほどできていない

これもまた、「今さらお辞儀なんて……」と思われる方が多いかもしれません。私自身、社会人になってから基本的なマナーを教わる機会があるたびに、「今さらこんなことを……」とうがった見方をしていたものです。しかし、そのように感じられた人こそ、この機会にご自身のお辞儀の仕方を振り返ってみてください。

というのも、社会的に成功されている方、大きな影響力を持った方にお会いすればするほど、あいさつ、特にお辞儀が徹底していることに気づかされるためです。

お辞儀はやり方ひとつで相手に与える印象が大いに違ってきますので、正しいマナーを知っておくに越したことはありません。

## 丁寧に見えるお辞儀とは？

本書はマナー本ではないので最小限の説明にとどめますが、大前提は「分離礼」であること。**「はじめまして」「こんにちは」といった言葉を発した後にお辞儀をする。言葉と動作を分けて行なうことが、全体の印象を丁寧に見せるコツです。**そして頭だけを下げるのではなく、頭から腰までを一直線に伸ばし、腰から上体を折ってお辞儀するのです。特に初対面の場合、お辞儀は45度の角度で深々と行なうことをオススメします。なぜなら、そこまでキッチリやっている人はあまりいないからです。

お辞儀を含めた基本的なマナーには人柄が表れるものですし、相手がより多くの人に会ってきた人であればなおさら、そのような細かいところまで意識している人のことが印象に残るものです。ちょっとしたことに気を配るだけで印象アップするよい機会ですので、気をつけてください。

明日から
やってみよう

**お辞儀は「分離礼」を意識する**

3 MINUTES TECHNIQUE

17

# 必ず好印象を与える3つのコツ

## 話がうまい人の共通点とは？

個人的な意見になりますが、「この人、話がうまいなあ」と思ってしまうとき、その人は次の工夫のうちいずれか、もしくはすべてを実践していることが多いです。

**①目線の合わせ方**
**②ジェスチャーの仕方**
**③間のとり方と抑揚**

まず目線については、1対1で話しているときならきちんと相手の目を見て話すこと。これだけで、真摯《しんし》で誠実な印象が伝わります。

## 「自分に話しかけてくれている！」と思ってもらおう

また、複数の人に対して話すときは、全員に対してまんべんなく目線を合わせること。これで、大勢の人に対して話していても「自分に対して話しかけてくれている」という印象を強く与えることができます。これも普段からの意識づけ、クセづけが必要ですが、マスターできていると説得力が増しますので、オススメです。

## 身ぶり手ぶりを加えるだけで、話に迫力が出る

ジェスチャーについてはあえて触れるまでもありませんが、「こんなに大きくて……」と手を広げたり、「シッカリやります！」と拳を握り締めるなど、やはり身ぶり手ぶりが加わるだけで、その話に迫力が出ます。また、「右肩上がりで……」と説明するときも、聴き手側から右肩上がりに見えるよう、話し手から見て「左肩上がり」になるように手の動きを配慮したりすると、「慣れてるなあ」という印象にもなりま

すね。
何も動きがない状態で話し続けられると、だんだん眠くなってしまうものですが、何か動きがあるだけで話し手に関心を引きつけ、興味を抱かせながら効果的に話を伝えられることにもつながります。

## 一度、緩急をつけて話してみよう

抑揚や間というものは慣れないと難しいところもありますが、聴き手に「聴かせる」効果は絶大です。やはりずっと同じ調子で話されてしまうと、どこが大事なポイントなのかもわからず、だんだん飽きてきてしまいますからね。一方で、急に声が大きくなったり、ゆっくりになったり、数秒の間があったりするだけで、聴き手は一瞬にして「何だ、何を言い出すんだ!?」と引きつけられるものです。何か重要なことを話す前の間や抑揚の効果は実に大きなものです。

明日から
やってみよう

**好印象のコツは、「目線、ジェスチャー、抑揚」**

## 好印象を与える3つのコツ

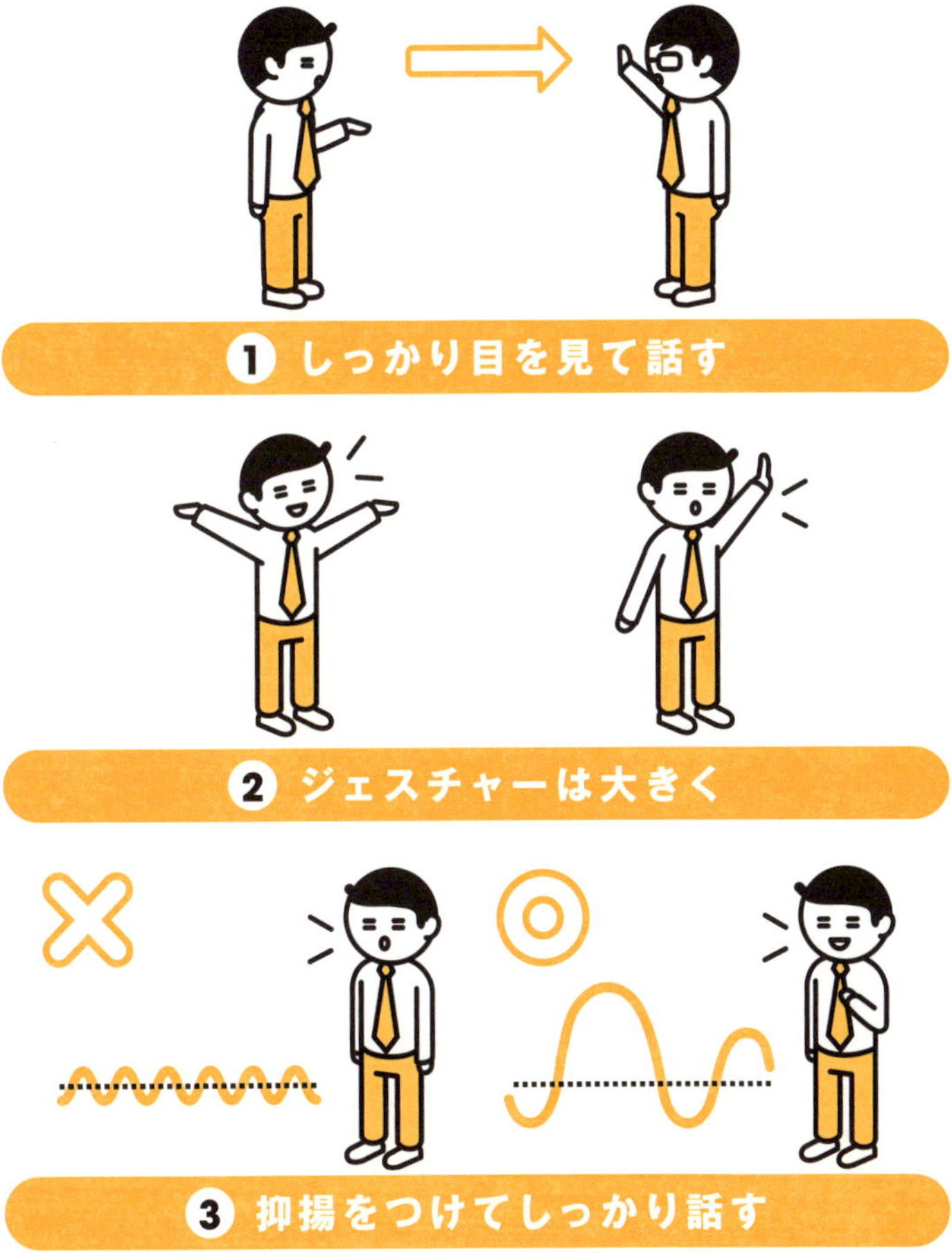
① しっかり目を見て話す
② ジェスチャーは大きく
③ 抑揚をつけてしっかり話す

3 MINUTES TECHNIQUE

18

# 第一印象がガラリと変わる「声」の使い方

## ちょっとした心がけで、必ず変わる！

初対面の場面において、言葉以外の「非言語表現」が相手に大きな影響を与えることは皆さんご存じのところだと思います。具体的には次のようなものがあります。

**外見**

服装、表情、清潔感、身ぶり手ぶり

**声**

声質（太い・細い）、声量（大きい・小さい）、トーン（高い・低い）

話し方

スピード、緩急、抑揚、間

## 「声」で損をしている人の特徴

ここでは特に「声」について見ていきましょう。実際、初対面の場面で「自分自身の声で損をしていることに気づいていない」人は意外と多いんです。せっかく自分を印象づけられる機会があるのに、小さい声でボソボソしゃべる人。語尾が消え入りそうな人。早すぎて何を言っているかよくわからない人。

いずれも、話の内容や人柄はよくても、その第一印象だけで損してしまっているんですね。

たとえば、同じ「はじめまして」と言うにしても、低いトーンで静かに「はじめまして……」というのと、腹から声を張り上げて「はじめまして！」と言うのでは、当然ながら相手の印象は異なります。

## 高い声、低い声の効果的な使い分け

**トーンが低い声→**落ち着いた印象を与え、じっくり話を聴かせることができます。

一方で、元気さやエネルギーは伝わりにくいので、ずっとその調子のままだと暗い雰囲気になってしまいます。重々しさを感じさせたいときや、じっくりと聴かせたいポイントに絞って使ってみるのがいいでしょう。

**トーンが高い声→**エネルギーを感じさせ、テンポよく楽しい雰囲気で話を聴かせることができます。

一方で、ずっとそのままでは落ち着きがなくなり、相手も疲れてしまうかもしれません。勢いや元気さを感じさせたいとき、注意を引きたいときなど、適度なポイントで使うといいでしょう。

## 状況に応じて、話のテンポを変える

またこのとき、「話す相手のトーンに合わせる」ことも重要です。相手が勢いよく話すタイプであれば、こちらもテンポを早めて高いトーンで対応したり、相手がじっ

くり話す人なら、こちらも低いトーンでゆっくり話したりするなど、その時々の状況に合わせて調整しながら話すことで、伝わりやすさも違ってきます。

同様に、喜怒哀楽の表現、相づちによって伝えたい印象（感心、促し、驚き、場合によっては退屈など）も、声に意識を向けるだけで大きな効果が出ます。

しかも、声についてはいくら親しい人でもなかなか面と向かって注意してくれませんので、なかなか気づく機会がないんですよね。**たまには録音したものを聴いたり、ビデオで映してもらったものを見てみるなどして、自分のクセを確認してみてください。意外な発見があるかもしれません。**基本は「大きな声で、語尾までシッカリと発音する」こと。それだけでも印象は格段に変わります。

明日から
やってみよう

**声のトーン、テンポを使い分けていこう**

3 MINUTES TECHNIQUE

19

# 効果的な発声法をマスターしておこう

## 「大きな声」をトレーニングで手に入れる

「声が大きい」というだけで、ほんとうはそうでなくても、勢いがあって、自信があって、押し出しが強くて、その人が言う意見までそれらしく聞こえる、という効果があります。**特に初対面のあいさつなどでは、大きい声を出した側が主導権を握ったような感じになる**こともあるでしょう。

私自身、もともとそんなに声が大きいほうではなく、早口ということもあって、よく聴きとりにくいといわれていました。これは話すことを職業のひとつとしている人間にとって致命的。そんなとき、音楽大学で声楽を研究されていた先生によるボイストレーニングを受ける機会があり、それ以降だいぶ改善できたという経験があ

りますので、その一部を皆さんにお伝えしますね。

## 音楽大学で学んだボイストレーニング

基本は腹式呼吸です。普段から腹筋を使って声を出すことをクセづけておくと、それがデフォルトになります。

立つときは重心を多少つま先側に持ってきて、ほんの少し前のめりに立つような感じにすると声が通るようになります。へその下3㎝くらいのところ、「丹田」といわれる箇所に力を入れるように意識してみてください。

呼吸は腹筋を使っておこないます。一般的な腹式呼吸のやり方通り、まずはゆっくりと腹の中の空気をすべて吐き出すように深呼吸します。そして段階的に、吐き出す勢いとスピードを速くしていきます。これが準備運動。声が出るのは、「息を吐いて声帯が震えるとき」ですから、腹をへこませて力強く息を吐くことで、よく通る声を出すことができます（詳しいレッスン方法は、「一瞬で相手の心をつかむ『声』のつくり方」（秋竹朋子著）をご参照ください）。

このようなトレーニングを毎日やることができれば有効なんですが、さすがに面倒という方も多いと思います。その場合は、何か話すときに次の2点だけ心がけておいてください。

## たった30分で効く即効レッスン

**①話す前に、腹に力を入れて、シュッ、シュッと瞬間的に力強く息を吐く**

**②話すときは、文章における単語の冒頭の1文字（「ぶんしょうにおけるたんごのぼうとうのひともじ」の色文字部分）に特に力を入れて発する**

これだけで、力強く、カツゼツもリズムもよく聞こえる効果があります。ぜひ試してみてくださいね。私は最初この方法を教わったとき、ほんの30分程度のレッスンで声が通るようになりました。

明日からやってみよう

**トレーニングで力強い声を手に入れよう**

## すぐできる！　力強い声になる方法

① お腹に力を入れて、力強く息を吐く

② 単語の冒頭の１文字に力を入れて発する

3 MINUTES TECHNIQUE

20

# 別れ際の「余韻」を使ってポイントアップ！

## 最後の最後まで油断しない

初対面のあいさつから会話まで、細かい気遣いと丁寧さが伝わってくる人だった。「いい人だったな……」と好印象を抱き、そろそろお別れのタイミング。エレベーターのところまで見送ってくれた。「ではまたよろしくお願いします」と言いつつドアを閉めた瞬間、それを見てしまった。

エレベーターのドアが閉まるか閉まらないかという時点で、もうきびすを返して歩き出そうとしている。

どうでしょう。ささいなことととるか、重要なマナーととるか。個人的には「それによって残念だと感じる人が多いほう」の行動は慎みたいものだと考えます。

明日から
やってみよう

## 別れ際こそ、丁寧な態度で接する

たとえば、送りに行ったエレベーターではドアが閉まり切るまでお辞儀をし続ける。街中であれば、相手の姿が見えなくなるまで後ろ姿を見送るなど、「余韻」をじっくり味わうイメージでお見送りしましょう。その行動には「丁寧さ」が宿り、皆さんの人間としての格を上げることにつながります。

まとめ

CHAPTER 02

# 一瞬で心をつかむ「あいさつ」の基本

1 あいさつは必ず「先手」をとる

2 笑顔でいるだけで、人から話しかけられる

3 「目線、ジェスチャー、抑揚」に気を配る

4 声のトーン、テンポは使い分ける

5 別れ際も油断せず、丁寧なあいさつをする

CHAPTER
03

# どんな人とも会話が続く！
# 「初対面のコツ」

HOW TO GET ALONG WITH ANYONE YOU
JUST MET IN THREE MINUTES

3 MINUTES TECHNIQUE

21

## 初対面で心を開いてもらう①

# 「自分から相手に好意を持つ」

### コミュニケーションを劇的に変える「ザイアンスの法則」

対人コミュニケーションにおいて有名な、「ザイアンスの法則」というものがあります。２章でご紹介したあいさつでしっかり印象づけられなかった場合でも、この法則を意識して行動すれば、人間関係をつくりなおすことが可能です。初対面の場面で役立ちそうな要素を具体的に説明していきましょう。

**①人間は知らない人には攻撃的・冷淡な対応をする**
**②人間は相手の人間的な側面を知ったとき、より強く相手に好意を持つ**
**③人間は会えば会うほど好意を持つようになる**

ザイアンスの法則その1は、「自分から相手に好意を持つ」ことです。好きにさせるには、まず自分から好きになる、ということですね。よく考えてみれば、**私たちは自分に好意を持ってくれている人の話ならどんな話題でも聴きたいと思う**はずです。そして、同じアドバイスを受けるにしても、好意を持ってくれている人から受けたほうがやる気になるなんていうこともあるのではないでしょうか。

## 「この人のことが知りたい」が好意に変わる

とはいえ、思わずひと目ぼれしてしまうくらい魅力的な人が相手ならまだしも、普段初対面で会う人全員が「積極的に好意を持てる人」とは限りませんよね。

そんなときは、「自分が好意を持った人に対して、どんな行動を自然にとっているか」思い返してみるのが有効です。たぶん、相手に興味があればあるほど、「もっとこの人のことが知りたい！」と強く思うのではないでしょうか。

「この人って、どんな人なんだろう……」

「どんな価値観や趣味、嗜好《しこう》の人なんだろう……」
「どんな話なら面白いと思われるかな……？」
「今、どんな気持ちで聴いてくれてるんだろう……」
「私の言ってること、わかってくれてるかな……。伝わってるかな……」

よく考えたら、これらの思いや配慮はすべて「相手を積極的に理解しよう」とする姿勢であり、日常的なコミュニケーションにおいてもぜひ持っておきたいスタンスと同じなんですね。

相手に好意を持ってほしいなら、まずは自分が相手に好意を示すこと。相手に理解してほしいなら、まずは相手を理解することです。こういった積極的な姿勢が相手に伝われば、思いは必ず返ってくるものなのです。

明日から
やってみよう

## まず自分から相手に好意を示そう

## コミュニケーションに使えるザイアンスの法則

この人誰？
冷たい視線
①人間は知らない人には冷たい
実は猫好きなんです
そうなんだ！
②相手の人間的な側面を知ったときより好意を持つ
今日は3回目のデート
③会えば会うほど、相手に好意を持つ

3 MINUTES TECHNIQUE

22

# 初対面で心を開いてもらう②「自己開示する」

## 段階的に自分の話をしていこう

初対面の最初の数分間で相手に心を開いてもらう有効な手段といえば「自己開示」です。すなわち、会話の中で段階的に自分のことを明らかにしていき「自分ってこんな人なんです」と知ってもらうことです。プライベートな話も交えながら、共通点や共感できるポイントを探していきましょう。私ならたとえば、

「新田龍といいます。関西出身の東京育ちです」

「辰年生まれで、動物占いはペガサス。どちらも空想上の動物ということもあり、私自身も捉えどころのない人間とよくいわれます（笑）」

などと言ったりします。また、あえて弱い部分を開示するのもいいでしょう。

「今日のグループワーク、緊張しましたよね。私、まだ就活を始めたばかりで……」
「いや〜、この場に知り合いがいないもので、ひとりだと気後れしますね……」

そうすると、そもそも**自己開示する時点で相手は「ああ、この人は自分の個人的なことを話すなんて、私に心を開いてくれてるんだな」「信頼してくれてるからなんだ」と思ってくれます。**また、話をする中で意外な共通点が見つかったりして、そこからさらに話題が広がり、結果的に親近感が高まる、といったこともありますね。

そしてこの方法は、相手が苦手なタイプであるほど有効なのです。

## 「その人のことを知らない」が苦手意識に変わる

人のことを苦手と思ってしまう根本的な原因は、「その人のことをよく知らない」ことに起因することが多いんです。動物は、よくわからないものに恐怖感を抱くようにできていますので（先が見えなくて、状況がよくわからない暗闇とか、怖いですよね。それと同様です）。逆に、その人のことがよくわかれば、意外と憎めない部分があったりして、親近感を抱くようになる、というのはよくあることなのです。「あれ、この人いつも怖い顔してると思ったけど、笑ったらかわいい感じだな」というふうに、相手を知れば知るほど苦手でなくなることは多いです。

## 初対面の話題で適切なもの、ダメなもの

ただ、相手との感覚にギャップがありすぎると拒否感を抱いてしまうものですので、いきなりすべてを開示すればいいというわけではありません。自己開示にあたって適切なテーマとそうでない話題を、私なりの感覚で一覧表にしてみましたので、左ページをご参照ください。**「レベル」の数値が大きくなるほど、初対面で話題にするには避けたほうがいいテーマ**になります。最初は相手の反応も確認しながら、「レベル2」までの話題を楽しみましょう。

明日から
やってみよう

**「自分ってこんな人」をしっかり伝える**

## 初対面のときの話題はレベル2まで

**LEVEL 1**

年齢（世代）、星座、血液型、出身地、
業界（職種）、オフィスに関すること、
趣味、持ち物、最近の笑える軽い失敗、
自覚している容姿やキャラクター

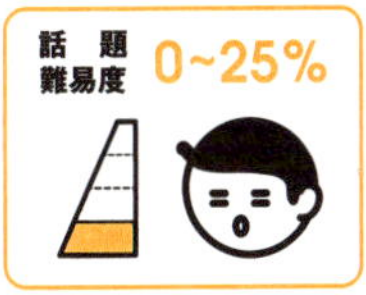
話題難易度
0~25%

**LEVEL 2**

現住所、子供（育児）、ヘンなクセや習慣、
受験や就職の成功、転職、婚活、
仕事上でのミス（年に数回程度の重さ）、
恋愛ネタ（恋人ができた、ノロケなど）

話題難易度
25~50%

**LEVEL 3**

給与や金、仕事のグチ、受験や就職の失敗、
致命的なミス（一生に１回程度の重さ）

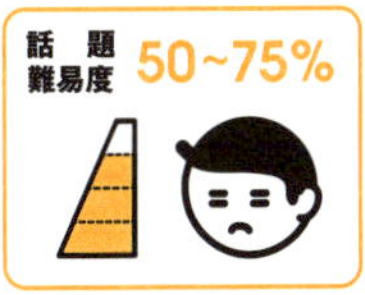
話題難易度
50~75%

**LEVEL 4**

犯罪、裏切り、離婚、経済破綻、社内人事、
内部秘プロジェクト、ディープな男女関係、
悪口、人の死にまつわる話題

話題難易度
75~100%

3 MINUTES TECHNIQUE

23

初対面で心を開いてもらう③

# 「次のステップを用意する」

## 「また」と「いつか」は絶対こない！

初対面で話していく中で「この人とは関係をつないでいきたいな」と感じたら、次も会うように行動しましょう。繰り返し会うこと、それも回数が多いほど、相手との親近感が増していきます。まずは「会う」こと、そして「話をたくさんする」ことが大事です。

たとえば「何か約束をする」というのは、次回会うチャンスをつくる上で有効な手段なんですが、せっかくの機会を生かせていないパターンを多く見かけます。

×「では、またそのうち……」

「いつか、飲みでもご一緒しましょう……」

このような「あいまいな約束」は古今東西実行されたためしがないので、私は**「『また』と『いつか』は絶対こない！」**と常々言っています。きっかけは何でも構いません。その場で何かしらの「宿題」をつくって、次回会う予定を調整しましょう。

○**「来週オフィス付近に立ち寄る機会があるので、ランチご一緒しませんか」**
**「じゃあ、その本お貸ししますよ。外出ついでにお渡ししますね」**

ここで重要かつオススメなのは、その場で手帳を出してスケジュールを確認し、「△月△日の△時からでどうでしょう」と具体的なアポをとってしまうことです。リアルタイムでやってしまったほうが手間も時間もオトクです。

明日から
やってみよう

## アポはリアルタイムですぐ入れる

3 MINUTES TECHNIQUE

24

# 無理やり話をつなげずしっかり聴こう!

## 相手の「話したい気持ち」を受け止めよう

「聴く」というと受け身のような印象を持たれがちですが、決してそんなことはありません。むしろ、積極的に「聴きに行く」くらいの意識がないとできない、能動的な行為なんです。うなずきや相づち、身ぶり手ぶりを交えて「あなたの話をこんなに真剣に受け止めてますよ」ということを全身で伝える行為なんですね。

私がコミュニケーションに関して著述をするとき、「きく」という漢字はすべてこの「聴く」を使っています。

「聞く」の場合は「耳に入ってくる言葉や音を認識する受動的(受け身)な行為」のことであり、「聴く」は「言葉や音に注意深く耳を傾ける能動的な行為」を指します。

「聴く」のほうがより積極的な意味合いになるんですね。「聴」という漢字をバラバラにすると「十の目で見るかのごとく、相手の心の声に耳を傾ける行為」だと読めます。私たちはそれくらい真剣に、相手に向き合って話を「聴いて」いるでしょうか。

## 気持ちよく話してもらおう！

もしかして、相手が話している間、「次、何を言おうかな」「どう突っ込んでやろうかな」と考えたりしてませんか。その気持ちはもちろんわかりますが、自分の大事な話をそのように「聞き」流されていたらどう感じるでしょう。**無理やり話をつなげようとするよりも、相手の「話したい気持ち」を推し量り、きちんと「聴く」ことのほうがはるかに重要**です。カラオケで、あなたの十八番を聴かずに選曲してる人がいれば目立つのと同様、話す相手もあなたが本当に「聴いて」いるかどうかについては敏感に感じとっていて、あなたへの印象を決めているかもしれませんね。

明日からやってみよう

**人の話は、全身全霊を込めて聴く**

3 MINUTES TECHNIQUE

25

# 知っておきたい「相づち」3原則

**相づちひとつで、ここまで変わる!**

相づちの効用はかなり大きなものです。しかし意識的におこなっている人はあまり多くないため、少しの配慮でアドバンテージを得られる点だといえます。具体的には、次の点に注意して返してみましょう。

**①相づちのバリエーションを増やす**

カウンセラーなど、「聴く」ことを職業とする人は、この相づちのバリエーションを増やして使い分けて、気持ちを込めて打つように訓練を受けているものです。

「はい」「ほう」「ええ」「ふーん」「なるほど」「そう」「あら」「おや」「ふむ」「おぉ」
「ほほう」「ふん」「ふーむ」

これだけでも、きちんと聴いてくれている、反応してくれたという感じが伝わってくるものですよね。

**②相づちで、相手の話への興味関心を示す**

「ええー！」「そうなんですか!?」「驚きました！」「すごいなあ」「なんですって!?」
「そんなことってあるんですねー！」「知らなかったー！」「マジで!?」

このように積極的な反応が返ってきたら、話すほうとしても「ああ、きちんと聴いて興味を持ってくれているな」と張り合いが出ますよね。相づちには、会話をさらにはずませる効果もあるのです。

### ③相づちで相手の話を促す

「それからそれから」「で、どうなったんですか!?」「続きを聴かせてください!」

これくらいの能動的な反応があれば、話し手は確実に盛り上がります。もっといろいろなことを話したい気分になりますし、積極的な興味を持って聴いてくれている聴き手に対して親近感を持つことでしょう。

特に、「自分には大したネタがない」とか「話しベタだ……」と感じている方ほど、相づちを積極的に打つように心がけるとよいでしょう。全体を10とするなら、自分が話すのは相づちも含めて2~3割程度、相手に残りの部分を話してもらうくらいのバランスでも会話は普通に成り立つものです。ぜひ試してみてください。

明日から
やってみよう

## まず相づちのバリエーションを増やそう

## 知っておきたい相づちの3原則

**バリエーション**

- ええ、ええ
- なるほど
- ふんふん
- そう

**❶ バリエーションを持っておく**

**バリエーション**

- ええー！
- そうなんですか!!
- 知らなかったー！

**❷ 相手の話への興味を示す**

**バリエーション**

- どうなったんですか!!
- 続きを教えてください！

**❸ 相手の話を促す**

3 MINUTES TECHNIQUE

26

# 好印象を与える「うなずき」のやり方

## 「うなずき」には2つの意味がある

「うなずき」は、聴き手のメッセージを伝えられる有効な手段です。話の内容に応じて、次のように種類を変えて使えば効果的ですね。

① **「ふんふん」という感じの、速くて浅いうなずき**

「もっと話してほしい」

「ここまでは十分理解できた。次をどうぞ」

という意味で、相手の話を促す効果があります。

**②「う～む」という感じの、ゆっくりと深いうなずき**

「じっくり理解しています」

「言っていることはちゃんと伝わりました」

という意味で、相手の考えや気持ちを受け止めたことを示す効果があります。

いずれもささいなことかもしれませんが、話し手にとって「きちんと聴いてくれている」という感覚は心地よいもの。これ、実際に体感してみると歴然です。たとえば、「2人1組になって、聴き手は反応をいろいろ変えながら雑談する」といった実験をしてみるとよくわかります。最初、聴き手はまったく何の反応もしません。話し手と目を合わせず、うなずきも相づちもしない状態で聴いてもらいます。

私も被験者として体験したことがありますが、この**「何のリアクションもない状態」というのは話し手にとってはもうメチャメチャ話しにくい**んですね。目の前に相手がいるのに何もないと不気味でさえあり、ひとりごとを言ってるほうがまだマシという気持ちになってしまいます。

そして2回目は、きちんと相手の目を見て、うなずきも相づちも、適宜返しながら聴いてもらいます。実際やってみるとわかりますが、1回目との差は圧倒的。「自分の話をしっかり受けとめられている」という安心感が違うんです。体感した方からも、「いかに、きちんと反応しながら聴くことが重要か、肌身にしみてわかりました!!」という声を多数いただきました。

「目を見る」「うなずく」「相づちを打つ」。いずれも基本的なことばかりではありますが、相手に与える印象は実に大きいものです。当たり前のことを地道に、かつ着実にやり続け、そこから信頼感を醸成していくことが、伝わるコミュニケーションの第一歩なんですね。

明日から
やってみよう

## 2種類のうなずきを使い分けよう

## 状況に応じて、うなずき使い分けよう

① 速くて浅いうなずき

「もっと話してほしい」という意味

② ゆっくりと深いうなずき

「じっくり理解しています」という意味

3 MINUTES TECHNIQUE

27

# 話し手を変えるくらい、聴き手が反応しよう

**プロ講師でも、聴き手の反応が気になる**

「聴き手の反応が話し手を変える」ということがあります。

たとえば、大勢の前で話すとき。多くの人にとってそんな場面は苦手だと思われますが、その理由を聞いてみると往々にして、**「反応がなかったり、聴いていない雰囲気を感じると、興味も関心も持たれていないと不安になってしまう」**といった思いがあるものです。これは話すことを職業にしているプロの講師でも同様。聴き手の中にはたまに「まあ聴いてやってもいいけど」といった雰囲気を全開にして、腕組みをしながらふんぞり返っている人がいたりしますが、大変やりにくいものです。

一方で、話すことに関してメモをとってくれたり、目を見てくれたり、いちいち

明日からやってみよう

# 話し手の背中を押すぐらい反応しよう

うなずいたり、要所要所で「へー」「ほー」といった反応を返してくれたりする方がいます。講師の立ち位置からはこういった反応が意外とよく見えてしまうのですが、非常に励みになりますね。

実際、反応がよかったことで「せっかく聴いてくれているんだから、アレもコレも話しちゃおうかな」と話し手のノリがよくなってしまうことは普通にありますので、皆さんも受講生として勉強会や講演会に参加される際は、ぜひ反応して話し手をのせてやってください。1対1の会話でも同じことがいえるでしょう。

あと、そのつながりでお話しすると、セミナーや講演会などに参加する際には「最前列に席をとる」「質問や発言は最初に行なう」ことも有効です。いずれの場合も、講師にとっては「応援団」と同様。積極的に聴いてくれて、勇気づけられるという感覚なんですね。それだけで講師の記憶に残りますし、休み時間などには個別にプライベートな会話もできる可能性があります。

3 MINUTES TECHNIQUE
28

# 気持ちを表現するボキャブラリーを増やそう

## 言葉の引き出しを増やしていこう

「相手の発言に対する自分の気持ち」を、自分なりの言葉で適切に表現することができれば、「相手の話をシッカリ聴いて、受け止めた」感がより強く伝わります。気持ちを表現するボキャブラリーを増やすことで、どんな状況にも対応できるようになります。では、感情の種類別にいくつか挙げてみましょう。

**喜び、期待**

例……うれしい、わくわく、満ち足りた、晴れ晴れとした、誇らしい、イキイキした、心地いい、大感激、胸がはちきれそう

**悲嘆、失望**

例……がっかり、うんざり、げんなり、みじめ、情けない、傷ついた、寂しい、つらい、困惑、無念、悔やまれる

**怒り**

例……イライラする、腹が立つ、憎たらしい、苦々しい、ムカつく、うっとおしい、腹に据えかねる、恨めしい、不本意な

**不安、焦り**

例……落ち着かない、ドキドキ、混乱した、もどかしい、心ここにあらず、パニック、心もとない

使い方としては、このような形です。

相　手「君のおかげでプレゼンが通ったよ。ありがとう！」
あなた「これからがほんと楽しみだね。僕もわくわくしてきたよ」

相　手「あ〜、A部長からまたイヤミを言われた〜」
あなた「大変だったねー。不本意だろうけど、いつものことだし気にするなよ」

このように、相手の感情を代弁するような適切な言葉を選び、自分の気持ちと合わせてコメントしましょう。話し手は、自分の気持ちをわかってくれたことに対して心がオープンになり、双方の関係性の強化につながります。これは公私問わず有効ですので、ぜひ今日から試してみてください。

明日から
やってみよう

## ボキャブラリーを増やし、感情を表現していこう

## 気持ちを表現するボキャブラリーを増やす

- うれしい
- わくわく
- イキイキした
- 心地いい
- 感謝
- 胸がはちきれる

**喜び・期待**

- がっかり
- うんざり
- げんなり
- みじめ
- 悔やまれる
- 困惑

**悲しみ・失望**

- イライラする
- 腹が立つ
- 憎たらしい
- ムカつく
- 不本意な
- 苦々しい

**怒り**

- 落ち着かない
- ドキドキ
- 混乱する
- もどかしい
- パニック
- 心もとない

**不安・焦り**

3 MINUTES TECHNIQUE

29

# メールやあいさつ状はスピードが命！

## メールを打つときに気をつけたい3つのポイント

初対面から関係をつなげていくとなったとき、まず行なうのは「ごあいさつメール」や「お礼状」を送ることですよね。すでに自分なりに効果のある方法をお持ちの方もいらっしゃるかと思います。実際にトップ営業マンといわれる方に共通するやり方や、私自身が頂いて印象に残っているものをまとめると、次のようなポイントが挙げられます。

**①24時間以内に発送する**

**②文面がオリジナルである**

**③ 次のアクションにつながる**

まず①から見ていきましょう。迅速さは当然のことですよね。ビジネスにおけるスピードと直結しますから。「メールや礼状が早い」という事実を示すだけで、

「礼儀正しい」
「気配りができる」
「仕事が早い」

といった印象を、自分から言わずとも相手に感じさせることができるのです。

タイミングは早いに越したことはないですが、一般的に、「24時間以内」というのが国際マナーです。しかしそのような決まりがなくとも、**ヒトはひと晩寝たらだいたい忘れてしまいますので、記憶から消去されないうちに印象づけておく、**という意味でも、早期のメールは有効です。

**②のオリジナルの文面**についていえば、まずは、

「その節はありがとうございました。今後もよろしくお願い致します」

といった定型句のあいさつ文をやめましょう。これでは送っても送らなくても変わりません。相手とこれからの関係がスタートしていく大事な機会なわけですから、一通一通大切にしたためたいですね。少なくとも、

**「話をしたときに強く印象に残ったこと」**
**「話から学べた・気づいたこと」**
**「話から連想・発展したテーマ」**
**「その後に気づいた相手との共通点や共通知人など」**
**「その後、相手のブログやメディアでの発言を読んでの感想」**
**「そのときに話し切れなかった追加情報」**

これらテーマのいずれかに多少なりとも言及されていれば、「自分に関心を持ってくれている」と純粋にうれしくなりますし、そこからさらにお話が発展していくきっかけになるでしょう。したがって初対面時には、次のアクションまで意識した上でシッカリとコミュニケーションをとっておいて、「次に会うための情報」を得ておく必要がありますね。よくわからない人とは、改めて時間をとって会おうとはなかなか思いませんし。ということで、

**③の「次回アクションにつなげる」**を意識しましょう。これはもう本書内で何度も述べているテーマです。初対面時に何かしらの約束(「近くに行ったらランチでも」、とか「イベントにお誘いします」といったもの)があれば、それについての具体的なプランがあるといいですね。

明日から
やってみよう

## 出会いのすぐ後にメールを送ろう

3 MINUTES TECHNIQUE

30

# 必ず返信されるメール術とは？

## たったひとつの工夫で、こんなに変わる！

前項のルールを実践するだけでも、相手にとっては十分印象的になるはずですが、さらにダメ押しとなるような工夫によって「記憶に残る」くらいのインパクトを残すことも可能です。具体的にはスピードと内容について、さらに次のようなことに気をつけてみましょう。

メールやお礼状を送るなら迅速に、とお伝えしましたが、相手からのアクションを待たずにこちらから積極的に送るように心がけるのがいいですね。インパクトがあるのは、面会が終わって相手が自宅やオフィスに戻る頃にはメールが到着している、くらいの早さです。人によって受けとり方の違いはあるかもしれませんが、少なくとも「仕事が早い」という強烈な印象を与えることは可能です。

## 「メールします！」と言う人ほどメールしない

そこまでいかなくとも、まずは「自分から送る」ことが重要です。パーティーや交流会などで名刺交換して、「メールします！」と仰っていただけること自体は多いんですが、**そのうち、実際に翌日までにメールをいただける方ってほんとうに少ないんです。これだけでも、自分自身を印象づけることができます。**とにかく確実にいえるのは、「相手から先にメールをいただいた場合、好感度は確実に増している」ということです。そりゃそうですよね。メールの内容に至る前に、その行為自体が

「ちゃんと相手のことを気にしている」
「多少なりとも関心がある」

というメッセージになりますから。ぜひ実践してみてください。

そして文面について。会ったときの会話の内容をフォローすることも有効ですが、それ以上に相手に印象づける方法があります。それは、

**「自分が相手に貢献できること、手伝えることについて明記する」**

ことです。ちなみに、これは何も「御社に転職します！」とか「ボランティアで何でもやります！」などと言えというわけではありません。「自分にとって負担がない範囲で、相手も喜ぶこと」というくらいのニュアンスですね。

**相手がブログやツイッターをやっていたら「読みます」「フォローします」**
**相手が朝食会や勉強会、交流会を主催していたら「参加します」**
**相手のビジネスのメリットになりそうなら「○○さんを紹介します」「こんなニュースがあります」**

といった形で、さりげなく貢献をアピールするのです。普通、初対面でここまで心配りをしてくれる人はあまりいませんので、印象に残ることは間違いありませんし、相手の「人脈」として認知されることになるでしょう。もし「貢献できること」が何も見つからなければ、

「何かお手伝いできることがあればお気軽にご連絡ください」

というメッセージも有効です。私自身、このようなメッセージをいただいたときはその方のご配慮にうれしくなりますし、このひと言から実際に連絡させていただき、そこからご縁が広がったこともままあります。このような意志表明に限らず、まずは「自分がどうされたらうれしいか」という視点を常に意識してコミュニケーションをとってみてください。

明日から
やってみよう

## メールの文面に「自分ができること」を添える

## まとめ

CHAPTER 03

# どんな人とも会話が続く！「初対面のコツ」

1 「ザイアンスの法則」を活用する

2 相づちのバリエーションを増やす

3 話し手を変えるくらい、聴き手が反応する

4 気持ちを表すボキャブラリーを増やす

5 別れた後のメールはとにかくすぐに

CHAPTER
04

# この「質問」で会話がどんどん盛り上がる!

HOW TO GET ALONG WITH ANYONE YOU
JUST MET IN THREE MINUTES

3 MINUTES TECHNIQUE

31

# 会話がはずむ「共通点」の見つけ方

## 難しく考えずシンプルに

業界や商材、地域や会社規模、年齢や性別はまったくバラバラだとしても、いわゆる**「トップ営業」といわれる人に共通するポイントはこの「共通点を見つけるのがうまい」**ということです。

誰でも、初対面の相手と話すときは多少なりとも緊張してしまうものですが、目の前の相手と何かしら共通点があるだけで、急に親近感がわいて不思議と打ち解けられることがあります。いわば、心の扉が少しずつ開いていくような感覚でしょうか。

トップ営業はこれを生かすんですね。

一般的に共通点といって思いつくのは、年齢や血液型、生まれた月、星座、子供の存在、出身地、出身校、業界や会社のつながり、共通の知人、愛用しているブランド、よく行くエリアなどですが、そもそもそれらが「共通しているかどうかを探るための会話が必要」という本末転倒な状態になることもあります。また、こうしたことをいちいち気にしていては、会話もギクシャクしてしまいますよね。

## 目に見えてわかることをネタにしよう

実は、そんなに難しく考える必要はなく、もっと「目に見えてすぐにわかること」をネタにするだけでよいのです。たとえば、このような会話です。

「いいメガネですね。私、まさにそんなデザインのを探してて。どこで買われたんですか?」

「暑くてもネクタイ締めなきゃならないなんて、お互い大変ですよね!」

「やっぱりアイフォン便利ですよね」

ほんとうにシンプルな共通点ですが、これだけでも双方の間に「見えない橋」がかかり、その後の会話がスムーズになる準備が整います。

そんなネタも見つからない場合は、相手との「共感覚」を利用しましょう。具体的には、「あなた自身と相手が同じように感じているであろうこと」を口に出すことで、相手と同じ気持ちを共有し、心理的な壁をとりはらうのです。

たとえば冬の寒い日、待ち合わせた場所が暖かい建物内などであれば、こんなひと言が有効です。

「いやあ、寒空からこんな店に入るとホッとしますねえ」

そうすることで、相手との間には一瞬で共通認識と親近感が生まれ、その後の会話も楽しいものになります。

明日からやってみよう

## 目に見えることから共通点を探そう

## 会話がはずむ共通点の見つけ方

何かないかな？
ジロジロ…
………。
必死に探そうとする
夏のネクタイは
つらいですねー
ほんと
そうですよねー
目に見てわかることをネタにする

3 MINUTES TECHNIQUE 32

# 「相手が聞いてほしいこと」を質問する！

質問力アップのコツ

会話によって、相手に思いやりを示す方法があります。そのポイントは、「相手が聴いてほしそうなことを察して、その点を突いて質問をする」というものです。

普通の人の反応

A「ところで、この前の連休は何をされてましたか？」

B「金曜の夜から沖縄に行ってきたんです。すっごく楽しかったですよ！」

質問上手な人の反応

A「ところで、この前の連休は何をされてましたか？」
B「ちょっと旅行に行ってました。Aさんは？」

後者の聴き手Bが工夫したポイント、お気づきになりましたでしょうか。このときBが察したのは、「あ、この話題を出したということは、Aは自分の経験を話したいんだろうな」ということです。なので、自分の話はそこそこにしておいて、Aに話させるようにしたんですね。

私たちの身近には、「『オレの話を聴け！』というニュアンスが強烈に感じられる質問」が存在します。ただ、私たちはあいにくそこまで相手の気持ちに敏感ではないため、そのメッセージに気づかないままということも多いんですね。たとえば、

「ねえねえ知ってる？　お隣の◯◯さん、またハワイに行ったんですって」
「高校時代の部活は何やってたの？」
「君の座右の書は何かね？」

お察しの通り、これらの質問はいずれも次のような意図があるわけですよね。

「○○さんがハワイに行ったことを知っているかどうか」を確認したいのではなく、「私もハワイに連れていけ」という強い要望

「高校時代の部活」を知りたいのではなく、「自分の高校自体の部活について語りたい」という気持ち

「座右の書」を知りたいのではなく、「私の座右の書について語らせろ」という気持ち

このように、相手の「意図」「気持ち」に敏感になり、相手が「主人公」になるように会話することで、話し手のイメージはさらにふくらんで、コミュニケーションは自然に盛り上がるものなのです。いずれもちょっとした違いですが、効果という点では大きな差となるひと工夫。ぜひ本日の会話から意識してみてください。

明日から
やってみよう

## 「相手の話したいこと」を聴いてあげよう

## 「質問すること＝話したいこと」と考える

連休のことが
話したい
連休、何してた？
普通の人
家でゴロゴロ
してたよ
会話終了
質問上手な人
うん、適当に。
あなたは？
会話がどんどん
盛り上がる！

3 MINUTES TECHNIQUE

33

# 質問は「半オープンクエスチョン」で

## 会話のとっかかりをつくる

質問は、「はい」「いいえ」では答えられず、かといって漠然とはしていない、「半オープンクエスチョン」を心がけるのがオススメです。ちなみに、「クローズドクエスチョン」と「オープンクエスチョン」はそれぞれこのような感じです。

クローズド　「仕事は大変ですか」（イエスかノーで答えられる質問）

オープン　「調子はどうですか」（答えの幅が相手に委ねられる質問）

どちらも、初対面でよく交わされそうな質問ですよね。ただこのままだと、前者は

「はい」か「いいえ」で終わってしまう可能性が高く、会話が続くイメージがありません。また後者だと何とでも回答できる自由さはあるものの、あまりに漠然とすぎていて、どう答えたらいいかわかりませんよね。初対面でオススメなのは、適度に対象を絞り込んだ、その中間くらいの質問なんです。

半オープン　「今のお仕事で楽しいところはどんな点ですか」
「資格の勉強をやる中で、大変なことは何ですか」
「この時期は特に何がお忙しいんでしょうか」

このような質問だと適度に具体的でイメージがしやすいので、「自分のこと」として捉えられ、そこからの会話も盛り上がっていくことでしょう。

明日からやってみよう

## 具体的で答えやすい質問を心がける

3 MINUTES TECHNIQUE

34

# おもしろエピソードが飛び出すこの質問

## ポイントは「具体的」

初対面では、あまり突っ込んだ話までする機会はそれほど多くありません。でも、「相手の話が興味深くて、もっと知りたい。ただ、どうも抽象的でよくわからない……」といった場面があるかもしれませんよね。そんなとき、こちらからの質問次第で話がよりわかりやすくなる&相手が喜んで話すという聴き方があるので、ご紹介します。

これは**採用面接官がよく使っている、「行動分析インタビュー」という方法**ですね。

ちょっと、面接の場を想定しながら説明しましょう。

まず、「一般的な質問」の例をご覧ください。

「あなたの強みはなんですか?」

「将来どうなりたいですか?」

「これまでの仕事の中で、お客さんに接するときに大事にしていたことは?」


これらはすべて、回答者の「思考」や「感情」に関する質問です。重要な情報ではありますが、回答者の主観が入り込みやすく、どうしても抽象的なコメントになってしまいがちです。

一方で、「具体的な質問」というのがあります。同じ面接場面を想定すると、

「では、あなたの強みが発揮された場面について、具体的にどんな行動をしてどんな結果になったか、詳しく教えてください」

「現在の職場でのあなたの役割は? そこでの成功体験に関する具体的なエピソードを教えてください」

## 詰問にならないように気をつける

このように、面接では過去実際にあった「事実」に関する質問がなされます。相手の話が抽象的でわかりにくいときは、この聴き方を応用してみましょう。

**「なるほどー。具体的には、そこでどんなことがあったんですか？」**
**「では、それによってどんな結果になったんですか？」**
**「すごいですね！　それが実現できたポイントは何なんですか？」**

このように具体的な質問をされることで、相手としても「わかりやすく答えなければ」というモードになります。具体的なエピソードなども出やすくなりますので、営業や接客で相手のニーズを明確化するときにも使えますね。また人によっては、「よくぞ聞いてくれた」と言わんばかりにいろいろな話をしてくれるかもしれません。

ただしこのような質問の仕方は、相手の話に積極的な興味を抱いていることを示す効果がある一方で、場合によっては「ポイントは何なんだ！」「結論を言え！」「なんでそう言えるのか⁉」といった「詰問」っぽいニュアンスに感じられてしまう可能性もあるので、注意が必要です。

明日からやってみよう

## 抽象的ではなく、具体的な質問をしよう

3 MINUTES TECHNIQUE

35

# 初対面で質問してはいけないこと

## 事前の準備を大切に

会う人が決まっていて、事前に調べる時間があるなら、その人のことを徹底的にリサーチしておくことをオススメします。最近はブログに加え、ＳＮＳやツイッターといったソーシャルメディアも発達しているので、何かしら情報発信している人も多いはずですしね。少なくとも本名を開示している人であれば、「ツイッター見ましたよ」くらいのひと言は言ってみてもいいでしょう。

相手が個人の名前を出していない場合は、会社や組織のホームページくらいは目を通しておき、業界、商材など、相手が関わっているビジネスについてある程度の予備知識を入れておくことは必須です。**アポをとって会いに行く場合であればなおさ**

明日からやってみよう

## 調べられる情報は調べておく



**ら、相手は「自分・自社ビジネスに興味があるなら、事前に調べていて当然」と期待しているものです。**そう考えると、何も知らない状態というのはゼロからのスタートではなく、「コイツは何も知らないヤツだ……」という「マイナスイメージからのスタート」になってしまいます。

自分から積極的に情報発信している人であればあるほど、こちらが「それらの情報を読み込んでいて、いろいろと知っている」状態で臨むことで、「そこまで知ってくれているとは！」と喜んでくれます。

そもそも、「自分自身に積極的な関心を持たれている」と感じられるのは心地よいものですし、何より「相手が自分のことを知ろうと努力してくれた」というのは実にうれしいものです。このように1回の出会いに時間を費やし、気を使うことで、相手も「仕事やその後のおつき合いもうまくやっていけるだろう」と思ってくれるでしょう。

3 MINUTES TECHNIQUE

36

# これが話がとぎれるダメ反応

## 会話がとぎれる5つの反応

相づちの重要性は2章でお伝えした通りで、常に注意を払いつつ行なう必要があります。一方で、そのやり方を間違えてしまうと、せっかくいい質問をしても、会話が台無しになります。「こんな反応をしてはいけない！」例をご紹介します。

**①無反応、バリアをつくる反応**

たとえば、相手の目を見ない、顔や体を相手に向けない状態で話を聴く、表情を変えない、腕組みをする、椅子にふんぞり返って聴く、ひと言も発しない……。これらが、相手に不安感や不快感、ひいては不信感を与えてしまう聴き方です。往々にして、これらの反応は虫が好かない相手、心理的抵抗感のある相手にしてしまうものですが、意外と無意識のうちにやってしまっていることが多いのです。普段意識をしていないという人は、よい機会ですので一度少しだけ気にしてみてください。

### ②どんな話題でも同じ反応

たとえば、楽しい話題でも悲しい話題でも、深刻な話題でも笑える話題でも、全部反応が「へえ」だけだと、話す側にも張り合いがないですよね。また「ほんとうに聴いているのか⁉」とあらぬ思いを抱かせてしまうかもしれません。話題に合わせてバリエーションを使い分け、表情も合わせることができればよいでしょう。

### ③上から目線の反応

「そうなんですよね」
「よくご存じですね」
「いい質問ですね」

一見丁寧に反応しているように見えますが、このパターンの相づちに共通するのは「自分はあなたの考えや話すことくらい、全部わかっているのだ」というニュアンスを感じさせてしまうことです。実際に私自身も、すべてのパターンを経験したことがありますが、気勢をそがれてしまいます。このような反応をして許されるのは、聴き手が話し手よりも明らかに年齢や立場が上である場合のみです。

**④相手をバカにしたような反応**

「おや!?　ご存じないんですか？」

「へえ、初めてなんですね」

「〇〇だなんて……（苦笑）」


もちろん人間ですから、相手の立場や経験と比べて、つい自分が優越感を抱いてしまうこともあるでしょう。でも、抱くこととそれを表現するのはまったく別の問題。相手との関係を深めていきたいのであれば、このように相手をいたたまれなくしてしまうような態度や言動は厳に慎むようにすべきです。

### ⑤アドバイスモードや、話をさえぎる反応

「それは間違ってるよ！」
「おかしいなあ。私ならこうするけどなあ」
「そうそう、〇〇といえばこの前……」

話を聴いているうちに、自分自身にもいろんな考えが浮かんできます。自分の価値観に照らし合わせて「おかしい」と思ったり、「こうしたらいい」とアドバイスしたくなったりすること、あるでしょう。

でも、会話の場面では「今、話をしている人が主役」です。その人の役割を横どりしてはいけません。意見は「どう思う？」と聞かれてから存分に言えばいいんですから。いずれもすべて、自分自身がやられる立場ならばイヤだと思うものばかりのはずです。ぜひ感受性豊かに捉え、考えた上で発言していきたいものです。

明日からやってみよう

## 「質問＋反応」でワンセットと考える

3 MINUTES TECHNIQUE

37

# 質問上手な人の「巻き込み術」

## 大切なポイントは3つ

コミュニケーションの最終的な目的は、単に情報を伝えたり社交したりするだけではなく、「相手に自分の望み通りの行動をとってもらう」ことであるといえます。こちら側の一方的な要求ではなく、相手に主体的に行動してもらう方法を考えましょう。

**①「相手を巻き込むひと言」を意識する**

「Aさんはどう思いますか？」

「B君の意見は？」

このように問われると、相手としても「自分の問題」として考えて答えざるを得なくなり、主体的に行動してくれる可能性が高まります。

## ②「質問」によって、重要性を認識させる

こちらから何かしら提案したい商品やサービスがある場合、「それによって解決できること」「得られるメリット」について質問してみましょう。

「日々それだけの印刷物がおありでしたら、1枚あたりのコピー単価が2円安くなれば、1年でどれくらいのコスト削減効果が見込まれるでしょうか？」（OA機器販売）

このように言って、「このままの状態であることがどれほどのリスクなのか」「自分の行動がいかに重要なのか」に主体的に気づいてもらうわけです。

## ③相手が思わず引き込まれるような情報を出す

セールスやお小言など、こちらの要求を伝えたいときは、情報を小出しにします。

相手に「ぜひ教えてほしい」と思わせ、逆に質問をしてもらうようにするのです。

よくない例

あなた「高利回りの金融商品を提案させていただければと思いまして……」

お客さま「興味ありませんので結構です」

理想的な例

あなた「月3千円の積立で、2年後には最低8万円手に入る方法があります」

お客さま「えっ、ぜひ教えてください」

情報や価値を少しだけ示すことができれば、相手はそのテーマに引きつけられ、こちらの話を最後まで聞かざるを得なくなるのです。

明日からやってみよう

## 質問をするときは「巻き込み」を意識する

## 必ず会話が続く「巻き込み術」

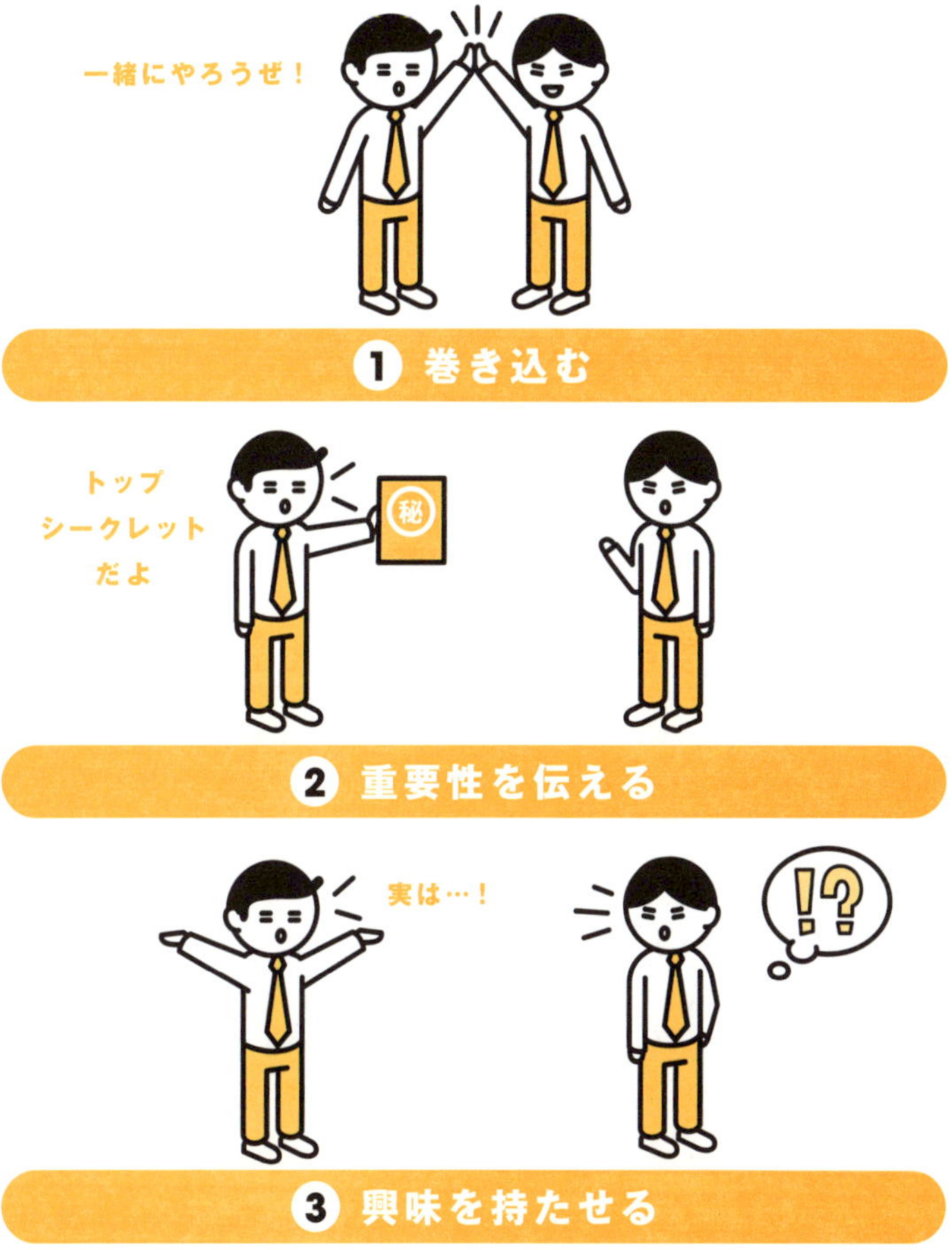
一緒にやろうぜ！
① 巻き込む
トップ
シークレット
だよ
秘
② 重要性を伝える
実は…！
!?
③ 興味を持たせる

3 MINUTES TECHNIQUE

38

# もう一度会うための誘い文句

## 成功率9割の秘訣とは？

初対面での会話では、次も会えるチャンスがゴロゴロ転がっているものです。関係性をつなぎたい相手の場合、これを逃すわけにはいきませんね。

ちょっと会話の端にのぼった、「この近辺でのオススメランチ」や「週末のオススメスポット」の話。お互いの仕事を進める上でちょっと不案内なところがあって「調べときますねー」と請け合った話。もしくは、ビジネスでもプライベートでも「今こんなチャレンジをしてるんですよ」といった話。すべてが、次に会うときのネタになるんです。

「そういえば、こないだ言ってたランチの件……」
「先日調べておくとお約束した件ですが……」
「あのときお伝えしてたチャレンジ、こんな結果になりました!」

これをきっかけに再訪したり、あらためてランチや飲みに一緒に行ったり、という機会ができます。このような次回につながる「フック」を意識しながら人と会い、会話していくクセづけをしていきましょう。

では次回、再度会う機会ができたとします。いろいろと選択肢がある中で、もっとも相手に気負わせずに時間をつくってもらいやすいのは何でしょうか。私としては、「朝食」と「昼食」をオススメします。

いずれも、仕事を持つ人にとっては、**①終わりの時間が決まっている、②ダラダラ過ごすことがなく、効率的に時間を使える、③公私の予定が入りがちな夜に比べて、都合をつけやすい**という点で、お互いにそれほど気を使うことなく過ごせる時間だからです。お願いされた側にとっても、OKするハードルは夜に比べて圧倒的に下がります。

「前回ご質問いただいていた件について私なりに調べまして、いろいろと興味深いことがわかりましたので、ぜひ報告できればと……」

「頑張ってはいるものの、空回りしがちな後輩がいまして……。どんなふうに接したらいいのか、ぜひアドバイス頂きたいと考えているんです」

このように、理由は何でも構いません。前回会ったときの宿題があればそれをネタにしてもいいですし、自分自身の相談事でもいいでしょう。私自身、会社勤めのときは後輩などからランチタイムで相談を受けたりすると「頼られている」と感じでうれしくなりました。現在もランチは比較的ひとりで過ごすことが多い分、いろんな人とご一緒して、相談したり情報を仕入れたいという気持ちもあります。

明日からやってみよう

## 気軽に「朝食」や「昼食」に誘おう

## 初対面から「次」につなげる方法

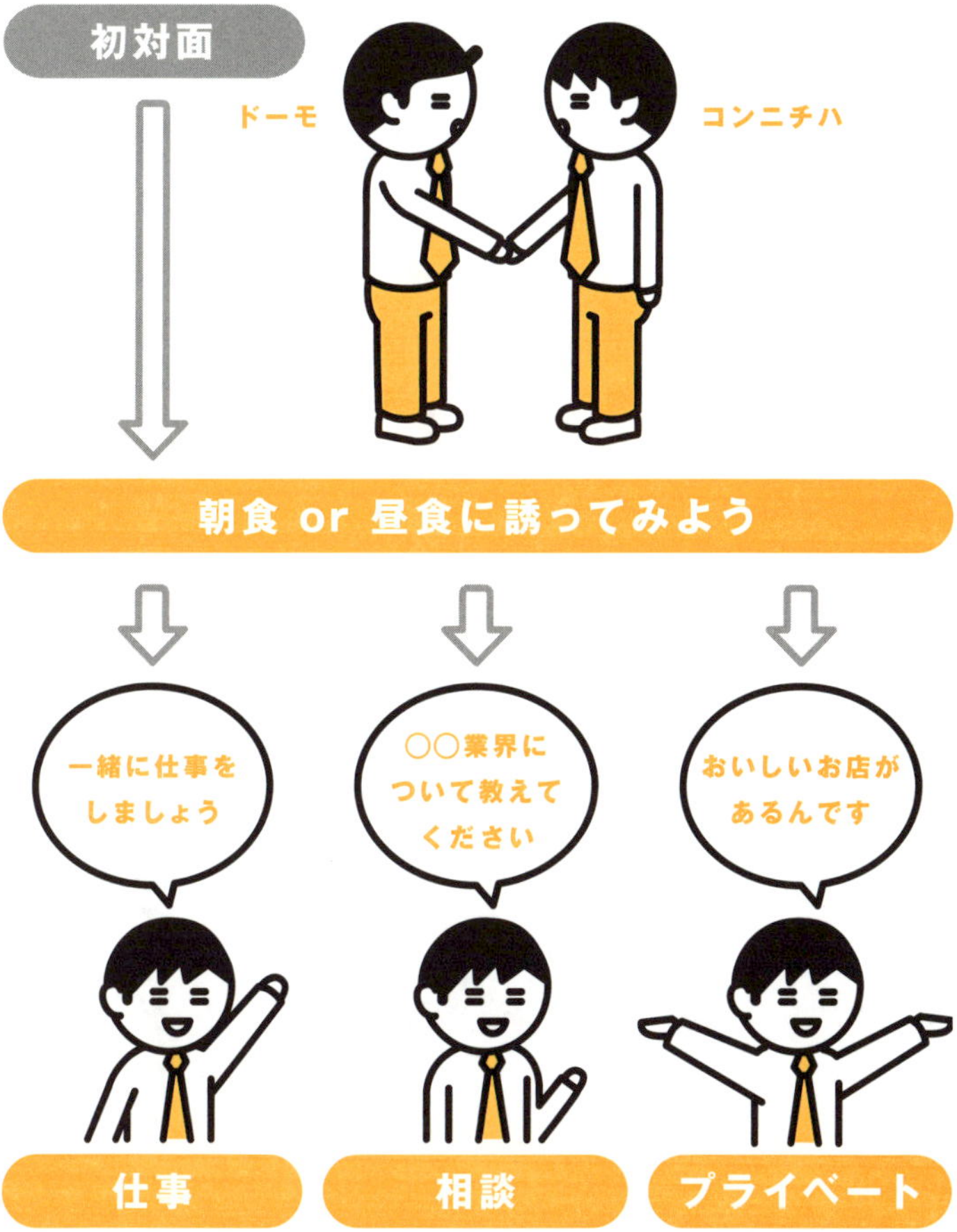
初対面
ドーモ
コンニチハ
朝食 or 昼食に誘ってみよう
一緒に仕事をしましょう
○○業界について教えてください
おいしいお店があるんです
仕事
相談
プライベート

## まとめ

CHAPTER 04

# この「質問」で会話がどんどん盛り上がる！

1 目に見えてわかることを質問のネタにする

2 相手が聞いてほしいことを聴いてあげよう

3 抽象的でなく、具体的な質問をする

4 「質問＋反応」でワンセットと考える

5 質問するときは「巻き込み」を意識する

CHAPTER
05

# 「会話がとぎれたら使いたい」8つのテクニック

HOW TO GET ALONG WITH ANYONE YOU
JUST MET IN THREE MINUTES

3 MINUTES TECHNIQUE

39

# 1分間の「自分プレゼン」を仕込んでおく

## この準備で初対面が変わる!

自己紹介はどうも苦手という人は多いですよね。ついダラダラ長くなってしまったり、話しているうちに何を言っているのか自分でもわからなくなってしまったり。しかし、これらは決して中身がないわけでも、あなたがイケてないわけでもなく、純粋に「慣れ」の問題なのです。

実際に、トップ営業マンをはじめとした「デキるビジネスパーソン」たちは、「30秒から1分程度の簡潔な自己紹介」がすぐにできるよう、普段から準備しています。そしてその場の状況に合わせて、適宜中身を変えながら情報発信するんですね。短時間で要点をまとめてPRするので、「エレベータートーク」とも呼ばれます。

これは、アメリカの起業家の卵が、投資家とエレベーターに乗り合わせた短時間で事業に関するプレゼンテーションを行ない、出資を得たというエピソードが元ネタです。

**①基本事項（名前、会社名・学校名、業種・職種、現在の仕事・アルバイトなど）**
**②あなた自身の「USP」（Unique Selling Proposition＝あなた独自のウリ、強み）**
**③あなた自身の思い（目標、夢）について**
**④USPによって、相手に提供できる、貢献できるメリット**
**⑤だから、こんな情報や引き合いがほしい**

このような内容を簡潔にプレゼンテーションできるよう、日々意識できれば有効です。「USP」についてはすぐに思い浮かばないかもしれませんが、自分自身の「強み」「特徴」もしくは「キャラクター」から、独自のアピール点を考えてみましょう。

次ページのワークシートのような文脈に当てはめて表現してみてください。

・私は、――――――――――の分野で人から必要とされたい／されている。
・私は、人から――――――――――といわれたい／いわれている。
・――――――――――といえば私、と認識されたい／されている。

文章例…「私は〇〇〇〇と申します。□□株式会社で△△職をやっております。この仕事は●●といったきっかけで興味を持ち、現在◎◎を目標に日々頑張っております。特に▲▲の分野では実績を持っておりまして、◇◇といったことを成し遂げた経験があります。ですので、▲▲については誰にも負けない自信があります。今後も▲▲に関することでご質問がありましたら、〇〇〇〇を思い出してください」

このような要素を盛り込み、1分間程度で話せる自己紹介文を用意しておけば、交流会や営業といった初対面で話す場面でキャッチーな情報提供ができます。

明日から
やってみよう

## 自分のことを1分間で話せるようにしよう

## 自分だけのエレベータートークを仕込んでおく

1 基本情報

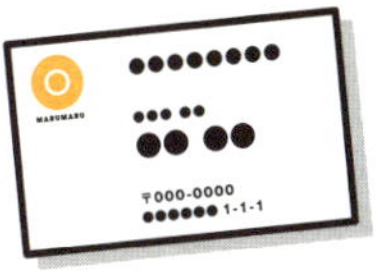


2 自分の強み

3 自分の夢

4 貢献できること

5 ほしいネタ・情報

**エレベータートーク＝1分間の自分プレゼン**

3 MINUTES TECHNIQUE

40

# こんな「ツカミ」で場が盛り上がる

## 心の距離が縮まるこのひと言

営業マンとして、商談で相手先に訪問する場合。たとえアポをきちんととっていたとしても、初対面でいきなりこちらの会社・商品の話になってしまったら、相手はどうしても構えてしまい、心も閉じてしまいます。なぜなら商談というのは、たとえ相手側に利益をもたらす話であったとしても、結局は自社のサービスや商品を買ってもらうという「こちら側の都合」だからです。

まずは、相手の心のかまえを解いてもらって、オープンな心で相対してもらう必要があります。そのためには、**いわゆるアイスブレーク、最初の堅めな雰囲気を打破して、次の会話にスムーズに移っていくための「ツカミ」が必要**なんですね。これはたとえば、披露しやすい順にこのようなネタが適しています。

**①自分の名前や顔**
**②弱点、最近やらかした失敗、コンプレックス**
**③特技やアピールポイント、チャームポイント**

①についてはたとえば、「似ているといわれる有名人」「印象的な顔のパーツ」「特徴的な名前」「由緒正しい家柄」「日本に数軒しかない名字」など、「使えるものを持っている人であれば」という前提はありますが、もっとも手っとり早くネタとなるものです。私自身が実際に聴いて印象に残ったものとしては、こんなものがあります。

「メガネをとると、『雨上がり決死隊』の宮迫さんと間違われます」（と言いながら実際にメガネをとる）

「長男ですが、名前は次郎です」

「千葉県出身の千葉です」

②は、あえて弱みや相手が気にしそうな点を先に自分から言い出すことで、相手を安心させつつ心を開いてもらうやり方です。

「こう見えても23歳です。新人研修では、初対面の同期からマネジャーに間違われました」（若いのにフケ顔の人）

「最近、初対面の人がみんな私の額を見るので、ヅラにするかクスリにするか考え始めました」（若いのに髪の毛が薄い人）

このような、「自分を落とす」ネタは関係構築の上で実に有効です。**人は、相手の成功体験や自慢話はあまり聴きたくないものですが、相手の失敗談や情けない話は逆に反応する**ものです。ちなみに私は昔からジャッキー・チェンのカンフー映画が好きなのですが、彼の作品ではエンドロールの背景にNGシーンが流れるんですね。

彼は本編ではカッコイイヒーローなのに、少し情けないNGシーンを見てしまうと一転、親しみやすいお兄さんという印象になります。このように「弱み」をオープンにすることで親しみを持ってもらえれば、その後の会話もスムーズに進みます。

③は多少高難度です。自分が言いたい話、アピールしたい話ということは、その反面、相手から反感やねたみを買ってしまう可能性もあるからです。ここは自慢話というよりも、アピールポイント程度に考えてください。私がよく言っているのは

「長年ブラック企業で経験積んできた、ブラック企業の専門家です」
「名前だけはカッコイイと言われますので、名前負けしないようがんばります」

といった感じでしょうか。

明日からやってみよう

## 自分だけの「ツカミ」ネタをつくっておく

3 MINUTES TECHNIQUE

41

# 結論から話すだけで、会話がとぎれない！

## ビジネスでもプライベートでも使えるテクニック

ビジネスにおける「報告」と同様、日常会話においても、「結論から先に述べ、それまでの経緯は後で説明する」というのがコミュニケーション上手なやり方だといえます。

悪い例として私自身が先日、某企業の担当者さんからお電話をいただいたときのお話をしましょう。率直なところ、本題のお話をうかがう前に、私はすっかりシビレを切らしてしまったのです。

というのも、まず最初の5分程度が先方からの一方的なお話だったんですね。

「当社は○○分野に強い広告代理店で、現在◇◇というプロジェクトを手がけており、△△といった実績が出ております。その中には□□といった企業が参加していて……」

といった形で延々と続き、最後の最後になってようやく要旨が明らかになりました。

「そこで、A社の宣伝担当者を新田社長に紹介していただきたいんです」

ガックリ。このガックリは「自分にとって直接的な仕事にならなかった」という意味ではなく、「早く結論を言ってほしかった」という「力尽きたガックリ」です。

このような話し方は明らかに、時間も信頼もムダにしてしまっているのです。たとえばこのときのパターンであれば、

「A社の宣伝担当者を紹介してほしいというお願いです」

というところから話が始まれば、そもそも可能か不可能か、可能な場合はどうすべきかを考えながら聴けますので効率的ですし、論理的に話せる人だな、と私自身も好感を持つでしょう。

## まず「相手に教えたいこと」を言う

またそれがビジネス会話でなく、雑談的な場合でもポイントは同様です。次の2つの会話を見比べてみてください。

×「こないだ、串揚げ食いに行ったんですよ。串揚げご存知ですよね。『ソース二度づけ禁止』っていうやつ。妻と行ったんですけどね、そこで「おまかせ」ってのにしたんです。「もうストップ」って言うまで出してくれるアレですよ。でね、妻ときたら「私揚げ物なんてそんな食べられるかしらー」なんて言ってたのに、食べ始めたら止まらなくなっちゃって。最終的にはひとりで42本も食べちゃったんですよ！」

「へえ……、そうなんだ」

○「いや〜、参りましたわ！　ウチのカミさんの大食いは!!　こないだ一緒に串揚げ食いに行ったんですけどね、もう食うわ食うわで、42本ですよ。42本！」

「うへー！　そりゃすごいね！　どんな店？　何食べたの？」

もうおわかりですよね。雑談といえども、このように結論から要点を意識して話すことで、相手の興味を引き、会話が盛り上がる効果を導き出すことができるのです。

日本語の構造上、どうしても述語が後にきてしまうのは避けられません。だとしても、「結論から話す」「要点を最初に挙げる」ことを意識しながら話すのは、ビジネスでもプライベートでも有効です。「今、相手がいちばん知りたいと思ってることは何だろう？」と常に意識しながら話してみてください。

明日から
やってみよう

## 結論から話すように心がけよう

3 MINUTES TECHNIQUE

42

# 相手にとって価値ある情報を教えてあげる

## 「察しのいい人」の特徴とは?

この点を常に意識して会話を進めていくには、「相手の顔色を読む」とか「反応を見極める」といった「空気を読む」能力、すなわち一定レベルの「感受性」が必要になります。訓練が必要ですが、一度鍛えられればあなたは「話が的確な人」「察しのいい人」という評価を得ることができるでしょう。身近なところでは、このような話題が考えられますね。

×「昨日釣りに行ってきたんだけど、もう富津って最高だね。タイなんてバカスカ釣れてさ」

「ふ～ん（興味ないなあ……）」

「タイ釣るときって、ほんとうにエビをエサにするんだよね。でさ、深海からこう引き上げたときの……」

「……（どうでもいいよ）」

○「昨日釣りに行ってきたんだけど、もう富津って最高だね。タイなんてバカスカ釣れてさ」
「ふ～ん（興味ないなあ……）」

「あぁ、ゴメンゴメン。Aちゃんは食べるほう専門だったよね。そういや、近くに魚がうまい店があって、めったにとれない『幻のアジ定食』ってのがあったのよ！」

「へえ～（もっと聴きたい！）」


普段からこのように相手の反応に敏感になっていれば、ビジネスにおいても、たとえば営業の場面でこのように生かせることでしょう。

×「当社サービスをご利用いただければ、毎月定額でこのような情報をすべて手に入れていただくことが可能になります」

「なるほど。確かに必要な情報だと思いますが、ちょっとコスト的に痛いですねえ」

「そうでしょうか。他社さんの同等サービスと比較しましても、件数が多い割に割安なんですよ」

「うーん」

○「当社サービスをご利用いただければ、毎月定額でこのような情報をすべて手に入れていただくことが可能になります」

「なるほど。確かに必要な情報だと思いますが、ちょっとコスト的に痛いですねえ」

「承知致しました。価格がネックということですね。確かに、月額で15万円は相応の出費かと思います。ただ前回お伺いした際に、これまで同等の情報を抽出されるのに社員さまおひとりが専任で担当しておられるとお聴きしました。給与分を考えますと、社員さんおひとりの人件費が浮くばかりでなく、それを攻める側の投資に回せますので、長期的に見ればお得かと存じます」

「確かにそうですね」

わかりやすく極端な例を挙げてはいますが、いまだに多くの営業場面において、「当社の商品は」「当社のサービスは」と「自社を主語」にして語っているトークをよく聴きます。それでは興味を持ってもらうことは難しいでしょう。

あくまで後者のように、「相手にとってどうか」という「ギブする」視点が入っていないことには、比較検討の対象に入らないことを覚えておいてください。

明日からやってみよう

## 「相手に価値ある情報」を意識しよう

3 MINUTES TECHNIQUE

43

# 「イメージしやすい情報」を伝える

## 抽象的な言葉は使わない

採用面接などで不合格になってしまう理由で多いものとして「話が抽象的でわかりにくい」というのがあります。当然ながら言っている本人にとって「わざとわかりにくく話そう」といった意図はないでしょうから、純粋に説明の仕方の問題なわけですね。

**話がわかりにくい人は往々にして、「他人に察してもらう」ことに期待しすぎる傾向があります。**個人的な経験や主観を語るにあたっては、「自分はこんな考えをする人間だとわかってほしい」というニュアンスが込められます。一方で、聴き手にはいちいち察するほどのヒマはありません。では、どうすれば相手にわかりやすいと思ってもらえるのか。それは「できるだけ具体的に話す」ということです。

×「Aさんってどんな人？」
「カッコイイ人よ」

○「Aさんってどんな人？」
「もうすごいステキな人。身長180センチくらいで、目が優しそうで、髪がサラッとして、いっつも仕立てのよさそうなスーツ着てて、歩きかたもさっそうとしてるの」

×「新人のBくんってどう？」
「アイツですか。無責任なヤツですよ」

○「新人のBくんってどう？」

「少し無責任なところがありますね。18時締め切りの仕事を渡して、すぐにやりますと言ったのに、20時過ぎても何の報告もないんです。こちらから確認してようやく着手。同じようなことがこの2カ月で3回ありましたから……」

## 「〜的」「〜性」は使わない

「〜的」「〜性」といった言葉も、いろいろな場面で使えて便利な一方で、抽象度が上がってしまって聴き手にとってわかりにくくなってしまうリスクがあります。そのような言葉を使う場合は、聴き手にその要素をきちんとわかってもらうための事実、具体例とセットにして述べ、聴き手の頭の中にイメージを持ってもらうように心がけるようにすると丁寧でいいですね。

またその事実、具体例については、話し手自身が実際に「やったこと」「言ったこと」「見たこと」「聞いたこと」「感じたこと」という一次情報であればあるほど、聴き手にはより明確なイメージが形づくられます。

×「世界3大ガッカリスポットって知ってます？　シンガポールのマーライオンと、コペンハーゲンの人魚姫、そしてブリュッセルの小便小僧なんですって」

◯「世界3大ガッカリスポットって知ってます？　私も実際全部行きましたけど、ほんとうにガッカリしました（笑）！　なんせ、全部小さいんですよ！　マーライオンはこの部屋にスッポリ収まっちゃうくらいだし、小便小僧なんてもうこのビール瓶くらいのモンですわ！」

座っていてもネットで世界中の情報が得られる時代、もっとも説得力を持ち、コンテンツとして魅力的なのは「自分自身が五感で体験した一次情報」です。後者くらいの具体的でリアルな情報があれば、聴き手にとっても情景が浮かび、興味をそそられ、その後の雑談もイキイキとスムーズに進んでいくことが期待できるのです。

明日からやってみよう

# 情報はなるべく具体的に伝える

3 MINUTES TECHNIQUE

44

# 突然の沈黙に効く3つの薬

**会話が途切れても焦らない**

初対面での会話。話題を探すだけでも困るのに、突然沈黙が襲ってくると焦りますよね。そんなとき、どう対処したらいいのでしょうか。ポイントは3つあります。

**①沈黙を恐れない**

そもそも、沈黙がイヤなのはなぜなんでしょうか。「相手の気持ちがわからない」「自分の話が面白くないのでは」「嫌われているのでは」。いろんな考えがグルグルしてしまうところですよね。でもよく考えてみれば、相手も同様に感じているのではないでしょうか。であれば、お互い心配し合ってもムダですので、まずはいらぬ心配はよして、「沈黙なんてどうってことない」と余裕を持ち、ゆったりと構えることが何よりも重要です。

### ②沈黙は、考えをまとめる時間と考える

沈黙しているとき、相手の頭の中にはいろいろな考えが渦巻いているはずです。専門的なカウンセリング理論では、**沈黙とは「相手が、あなたの言葉を味わい、かみしめている」「相手が、自分自身の考えをまとめている」といった状態**であり、まさに「相手の心がこれから開き、話が深まっていく瞬間である」と教わります。

したがって、ムリに沈黙を破ろうとするのは、相手の考えを妨げてしまうことにもなりかねません。沈黙が訪れたら、「あぁ、今はじっくり考えているのかもしれないな」というふうに、ぜひそのときの相手の気持ちに敏感になってください。

沈黙の時間に耐えられず、場をつなぐために、あまり意味のない質問をしたりするのはやめましょう。まずは、相手に無用のプレッシャーを与えないように配慮できればいいでしょう。

### ③「共感」と「共有」を意識する

その上で会話を広げていくならば、相手との直前までの話を振り返り、相手がどのような心境にあったのか察しながら「共感」してみることをオススメします。つまり、相手が今感じているであろう心境を自分も同じように感じ、それを言葉に出すことです。

「なるほど、それはほんとうにもどかしい気持ちになりますね」

「相手の方より、Aさんのほうがよほどご苦労があったんじゃないですか」

ささいなことですが、これによってお互いが共有するものがあるという感覚が生まれ、親近感がわくことにつながりますし、会話も広がっていく可能性があります。

明日から
やってみよう

## 沈黙はリラックスタイムと考える

## 会話がとぎれたときの3つの対処法

① 沈黙を恐れない

② 「沈黙＝考えをまとめる時間」と考える

③ 相手の気持ちに共感する

3 MINUTES TECHNIQUE

45

# 初対面に使える9つの雑談ネタ

## キーワードは「きどにたちかけし衣食住」

これまで見てきたような展開で、初対面時の会話はほぼクリアできると思います。しかし、ひと通り話がまとまって、なんだか話が途切れがちになってくるタイミングってありますよね。そんな、もう少し話題が必要なときにはこんなテーマで会話してみることをオススメします。すでにご存じの方も多いかと思いますが、キーワードは「きどにたちかけし衣食住」です。

き……気候　天気、寒さ、暑さ、日が短い・長い

ど……道楽　趣味、休日の過ごし方

に……ニュース　最近のトピック、世間話、身近なこと
た……旅　旅行の予定、好きな地域
ち……知人　共通の知人、あの人知ってる
か……家庭　両親、兄弟、配偶者、子供
け……健康　運動、健康法、ストレス解消法
し……仕事　成功談、失敗談、うれしかったこと
衣食住……ファッション、住まい、食べ物

デキる人は、単に唐突にそれらのネタを披露するのではなく、

「みんなが何となく知っていることに関して」

「相手に考えさせたり、興味を持たせたりする話し方で」

「聴いた人が、他人にもウケウリできるように」話します。たとえば次のように。

「お正月といえば、日本でいちばん早く初日の出が見える都道府県ってどこだと思

います？　東のほうが早いから、根室がある北海道あたりかな、と思うんですが、実は東京都なんです。南鳥島がいちばん東にあるので……」

そしてさらにできる人は、そのような話題を単なる雑談で終わらせません。「早いといえば……」などと、雑談から本題の商談にきちんと関連づけて、話のスジを通していくのです。178ページから「きどにたちかけし衣食住」の具体的な使い方を紹介してありますので、ご活用ください。

## 「5分ネタ」を仕込んでおく

「そうはいうけど、自分にはちょっと……」という方の場合、ご自身の「仕事」や「信念」、もしくは「趣味」といったテーマのうち、「これについては1時間でも2時間でも話せる！」というくらいのものがあれば、そのエッセンスを「5分程度話せるネタ」としてまとめて用意しておくことをオススメします。それだけでも十分ツカミや、会話のきっかけとして活用できますから。

ちなみに私の場合は、仕事であれば「キャリア教育」や「就活」について、趣味関連であれば「全国のおいしいお店」「ドラえもん」「花火」といったテーマについてなら、それぞれ数時間くらいは語れる自信があります。おかげさまで、全国に出張する機会が多い人とお話しするときなど、各地方のおいしいお店ネタは喜んでいただけ、仲間内では「地方に行くならまず新田に聴け」という一種のブランドになっています（笑）。

ジャンルはさまざまあれど、恐らく趣味や興味のあることならば、どなたも何かしらのネタをお持ちのことかと思いますので、5分バージョンならそんなに苦労しないでしょう。これだけの準備があれば、関連するお話になったときに、さりげなく披露することができて会話の潤滑油となります。うまくいけば、相手にはひとつのブランドとして、事あるごとに思い出してもらえるかもしれません。

明日から
やってみよう

**雑談に困ったら「きどにたちかけし衣食住」**

雑談ネタ

# 1 気候

「最近、めっきり寒くなりましたね～」

「夕方から雨が降るみたいですよ。傘はお持ちですか？」

POINT ↓

「その日の天気」「寒くなった・暑くなった」「日が短い・長い」といったテーマで、相手も同様に感じているであろうことを話題にします。そうすることで、共感と親近感を抱かせることができます。また、雨や雪といった素材があれば、それだけでも雑談には困りません。

雑談ネタ

## 2 道楽

「お休みの日はどんなことをされてますか」
「私はフットサルが趣味なんですが、何かされていますか？」

POINT→

「趣味」「休日の過ごし方」「最近ハマっていること」などを話題にします。「私は～～ですが、あなたは？」というふうに自己開示からはじめることで、話しやすい雰囲気をつくることができます。ただ、自分の話をするのではなく、あくまで主役は相手であることをお忘れなく。

雑談ネタ

# 3 ニュース

「昨日の速報ニュース、ご存じですか？」
「今朝の日経新聞にこんなニュースが載っていて……」

POINT →

「最近のトピック」「世間話」「身近な出来事」などが話題になりますが、単なる世間話で終わってしまっては意味がありません。目的は「お互いの関係を深める」ことにあるので、相手の会社が出した新商品、業界動向など、相手が話しやすいテーマを意識するのがいいでしょう。

## 雑談ネタ 4 旅

「春になりましたねー。どこかご旅行の予定はありますか？」
「北海道のリピーターで毎年行くんですよ。北海道か沖縄だったら、どちらがお好きですか？」

**POINT↓**

「旅行の予定」「好きな地域・都市」などがテーマになります。「道楽」と同様、自分の話をするのではなく、「相手の話したいことを引き出す」感覚で会話していきましょう。とっかかりとしては、自分が最近行った旅の話（面白エピソードや失敗談）から入ってもいいでしょう。

雑談ネタ

## 5 知人

「御社のAさんとお仕事をさせていただいたことがあるんです。Aさんはお元気ですか？」

「最近、テレビに出ているBさん、面白いですよねー」

POINT↓

「共通の知人・友人」がテーマです。意外なつながりが見つかったりして、盛り上がりやすく親近感も形成しやすいのですが、「A氏と知り合いである」という事実かあなた自身への先入観に良くも悪くも影響する可能性があります。誰の名前を出すかは留意しましょう。

雑談ネタ

# 6 家族

「妻が風邪を引いてしまいまして、代わりに育児をやっているんですが、慣れないことばかりで悪戦苦闘しております」

「正月、里帰りをしたんですが、両親がほんとうに元気で……」

POINT ↓

「親」「兄弟」「配偶者」「子供」などがテーマになります。

まずは自分から情報発信し、共感できる点を探っていきましょう。ただ、プライベートな話題ですので、初対面のときであれば、真面目or深刻な話は避けたほうが無難です。

雑談ネタ

7

# 健康

「最近、健康のために歩き始めたんですよ。何かされてますか？」
「また寒くなりましたね。少し風邪気味なんですよ。あなたは大丈夫ですか？」

POINT

「普段からやっている運動・スポーツ」「健康法」「ストレス解消法」などです。「自分だけのこだわり」を持っている人が多いテーマなので、「教えてください」というスタンスで臨めば、相手からオススメや楽しい点を教えてもらえ、会話が盛り上がることでしょう。

雑談ネタ

8

# 仕事

「最近、会社の調子のほうはどうですか？」

「実は先日、仕事で大失敗をしてしまいまして」

POINT

「成功談・失敗談」「嬉しかったこと・辛かったこと」などがテーマになります。

つい自分の話を長々してしまいがちになりますが、何度も述べている通り「相手との関係構築」が最優先です。共通点を早く見つけ、親近感と盛り上がりを意識しましょう。

雑談ネタ

9

# 衣食住

衣

「品のある素敵なカバンですね」

「そのスーツ、かっこいいですねー」

食

「和食のお店ですごく美味しいとこがあるんですよ」

「お酒はどんな種類のものがお好きですか？」

住

「会社はどのあたりにあるんですか?」

「私は池袋に住んでいるんですが、あなたは?」

POINT ↓

文字通り、「ファッション」「住まい」「食べ物」についてです。

これらについても自分のことを語るのではなく、相手の持ち物やファッションセンスに言及し、お互いの嗜好について共通の話題を素早く見つけ、関係構築をはかっていきましょう。

3 MINUTES TECHNIQUE

46

# 「もうワンフレーズ」をつけ加えよう！

## プラスアルファのひと言を意識しよう

突然ですが問題です。

Q……次に挙げる定型的なあいさつに「もうワンフレーズ」つけ加えて、相手により強く好印象を与える表現にしてみてください。

商談やインタビュー（学生さんであれば、OB・OG訪問）などで、オフィス訪問するアポをとるところを想定してくださいね。

**①（面会日時を設定するアポのメール／電話で）**
「では、7日の14時からということで、よろしくお願い致します」

**②（相手と対面した場面での第一声）**
「はじめまして！」

**③（初回訪問も終盤、そろそろ帰るタイミングで）**
「本日はお話の機会をいただきまして、誠にありがとうございました」

もちろん、このままでもマナーにかなったあいさつですから、まったく失礼ではありません。ここでは、「もうひと言だけ配慮するとしたら」というのがポイントです。いかがでしょうか。もちろん決まった正解はなく、いろいろな回答例が考えられますが、たとえばこのようなものが挙げられます。

①「当日お会いできますこと、楽しみにしております！」
②「本日はお時間をいただけて大変うれしいです。楽しみにしておりました！」

01
02
03
04
05
06

③「市場の現況について詳しくお伺いできて、大変勉強になりました！　お話を
伺えてよかったです！」

いつも配慮ができている人にとっては「当然じゃないの？」と思われることかもしれませんが、まさにこういったひと言というのは「クセ」なんですね。

これらに共通するのは、「相手へ積極的な関心を持ち、それに対して率直に自分の気持ちを伝えている」ということです。専門的な言い方をすれば、「相手の存在価値を承認している」とでもいうんでしょうか。私はこの要素を、押さえておくべきポイントの頭文字をとって「3K」(＝感謝、感動、関心)といっています。

## 脳科学的にも証明されたすごい効果

これらの言葉がすごいのは、万が一本心から「楽しみだ」とか「勉強になった」などと思っていなかったとしても、口に出して言ってしまうことによって、「ほんとうにそうなってしまう」効果があるということなのです。脳機能学において「節約的

安定化原理」と説明されている機能で、これは脳が「なるべく少ない情報で、わかりやすくて都合のよい、安心できる結論を出そうとする」特性を持っているということなんです。

脳というのは案外シンプルで、雑多な情報をすべて処理し切るのではなく、とりあえず手近にある情報をもとに、「確からしい結論」を出したがるという機能があるらしいんですね。なので、**自分で「楽しみだ!」「勉強になった!」「ありがたい!」と口に出して言ってしまうことによって、脳が勝手に「実際そうなんだ」と判断してしまう**のです。そうしてずっと言い続けているうちに、その思いが長期記憶に固定され、脳の中では「事実」として、自然に会うのが楽しみになってしまうという効果につながるんですね。相手もその言葉を聴いて、「そういうものなのかな」と同様に勝手な理由づけが始まりますから、結果的に次回会うときにはほんとうにお互いに楽しみになってしまっている、という形になります。

明日からやってみよう

## 「感謝、感動、関心」を常に伝えよう

まとめ

CHAPTER 05

# 「会話がとぎれたら使いたい」8つのテクニック

1 1分間の「自分プレゼン」を用意しておく

2 「ツカミ」ネタをあらかじめ仕込んでおく

3 沈黙はリラックスタイムだと考える

4 雑談のポイントは、「きどにたちかけし衣食住」

5 感謝、感動、関心を伝える習慣をつける

CHAPTER
06

# ワンランク上の
# ステージへ！
# 「できる人の話し方」

HOW TO GET ALONG WITH ANYONE YOU
JUST MET IN THREE MINUTES

3 MINUTES TECHNIQUE

47

# 「コンテンツ」と「コンテクスト」を意識する

## コミュニケーションは感情の交流

「友人や家族など、プライベートでのコミュニケーション」と、「ビジネス上でのコミュニケーション」におけるもっとも大きな違いは何でしょうか。

「気を使う・使わない」
「敬語を使う・使わない」
「自分の発言に対する責任が重い・軽い」

などなど、要素はいろいろとありますが、まとめると、「ビジネス場面のほうが、コ

ミュニケーション時に意識すべき要素がより多い」といえるのではないでしょうか。

ここで少しだけ、言葉の説明をさせてください。コミュニケーションにおいて、口に発する言葉、目に見える文章、そして発言者の表情など、外に表れる部分を「コンテンツ」といいます。これは「内容」とか「中身」という意味で、一般的にも文章や音楽、映像などを指してよく使います。

## 「コンテクスト」の意味、知っていますか？

そして、話し手や聴き手の感情、意識、ものの考え方、価値観など、表から見えない部分を「コンテクスト」といいます。これは日本語でいうと「文脈」という意味の言葉ですね。

プライベートとオフィシャルのコミュニケーションにおける違いは、この「コンテンツ」と「コンテクスト」をどこまで意識しなければならないかの違い、といえます。

たとえば、相手が友人や家族など気の置けない関係であれば、これまでのつき合いの中で「話が合う」とか「趣味が同じ」、また「育ってきた時代背景や環境が同じ」

といった共通事項が多くあるものです。したがって、考え方や言葉の意味をいちいち説明したり意識して発言することもなく、気を使わずに気軽な会話ができるはずです。これは、「コンテクストを共有できている」状態であるといえます。

しかし**ビジネス上でのコミュニケーションの場合、相手は年齢も社会的な立場も、そしてもちろん趣味嗜好も、自分とはまったく違う人たち**です。当然ながら、そこに「共通言語」や「共通の価値観」があることはあまり期待できないため、会話をするにもいちいち「この言葉の意味はわかってもらえるだろうか」など、いろんなことに気を使いながらコミュニケーションをとっていかなければなりません。それは「コンテクストが共有できていない」ということになります。

初対面のコミュニケーションの場合、相手が同年代のように見えても、実際にどんな人かはすぐにはわかりません。まずは、コンテンツとコンテクスト、両方に気を配ることが大変重要なのです。

明日から
やってみよう

## 目に見えないコンテクストに気をつける

## 「コンテクスト」にも気をつける

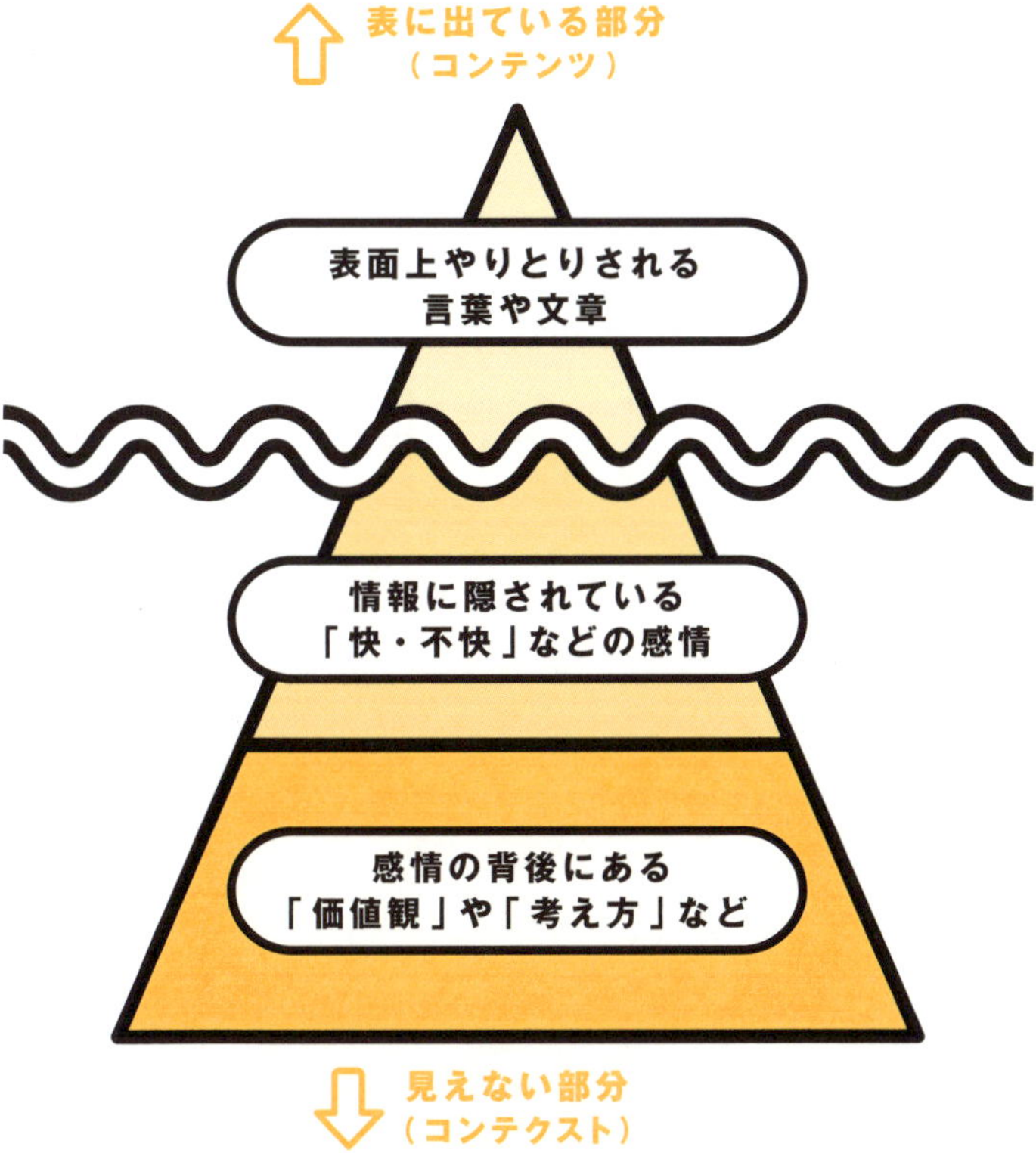
表に出ている部分
（コンテンツ）
表面上やりとりされる
言葉や文章
情報に隠されている
「快・不快」などの感情
感情の背後にある
「価値観」や「考え方」など
見えない部分
（コンテクスト）

**コンテンツ（やりとりされる言葉）だけでなく、
コンテクスト（感情や価値観）にも気をつける！**

3 MINUTES TECHNIQUE

48

# どんなときも否定語は使わない

## 「でも」や「だって」を言わない

自分と違う考え方をする人と会ったとき、どのように反応していますか？

この場合に意識すべきなのは、「自分は何を目標としているか」ということです。

そもそも、初対面でこれまで述べてきたようなコミュニケーションをとる意味や目的って何でしょうか。それは、コミュニケーションによって相手と長く続く関係を築くことだったはずですよね。その上で、このようなシチュエーションにおける言い方のポイントを押さえておきましょう。

「その意見には反対ですね」

「その考えはおかしいと思います」
「それは間違ってますよ」

さすがに初対面でこのような会話をすることはないかと思いますが、否定というのはこのような面と向かったものばかりではありません。もしかしたら、あなた自身気づかないうちに相手の意向を否定しているかもしれないんです。

## 初対面で意見を戦わせない

まず、冒頭のようなわかりやすい否定ではさすがに角が立ちます。そもそも初対面では、思想の違いについて話を深めることはオススメできません。たとえそれが正論であっても、社交の場面で相手を説得しようとするのは場違いですし、相手とのその後の関係は恐らく進展しないでしょうから、そんなところで自分の意見を通すメリットは皆無です。誰しも、面と向かって反対されたらイヤですものね。しかし、もしどうしても反対の考えを述べたいということであれば、このような言い方をすればよいでしょう。

「なるほど、そういう考え方は面白いと思います。そうすると、実現させるには困難がいろいろとありそうですね」

さてこの例、もうひとつ工夫があることにお気づきでしょうか。それは「でも」「しかし」「けど」「……ですが」「……だけども」といった「逆説語」を使っていないということなんです。

この**「逆説語」こそが、気づかないうちに言っているかもしれない否定表現の代表的なもの**です。なにせ、本文だけで十分否定の意味は伝わるのに、逆説語が入るだけで全体がさらにネガティブな印象になるんですから、想像以上に強力なダークサイドのパワーを持っているといえるでしょう。

×「コミュニケーションについてなら、まずはこの本がオススメですよ」

「でも、なかなか本屋行く機会がないんですよね。営業途中に寄るようにします」

○「コミュニケーションについてなら、まずはこの本がオススメですよ」

「なるほど、ありがとうございます。なかなか本屋行けないんですが、営業途中に寄るようにします」

どうでしょう。前者の場合、せっかくアドバイスをしているのに否定されたような感じになりませんか。返事の内容は同じことなんですから、あえて否定する言葉を入れて、相手の心象を悪くする必要はありません。ところが人によっては、この逆説語をつけて話すのがクセになっているような例も見受けられます。まったくないことがありませんので、心当たりのある方はすぐにでも意識して話されることをオススメします。

明日からやってみよう

## 否定語、逆説語は使わない

3 MINUTES TECHNIQUE

49

# 言葉の「細かいニュアンス」に注意する

## 悪気はなくても、否定しているときがある

同様に気をつけたい否定表現が、「意図しない否定」と「軽い反論のニュアンスが込められた言葉」ですね。たとえば、このようなものです。

**意図しない否定**

×「じゃあ、どうですか。せっかくですからコーヒーでも」

「私、コーヒー飲まないんです」

○「じゃあ、どうですか。せっかくですからコーヒーでも」

「いいですね。私は紅茶派ですけど、ご一緒させていただいていいですか」

「コーヒーは飲まない」という点で同じことを言ってるんですが、違いは歴然ですよね。前者は、きちんと自分の意見を言ってはいるものの、相手からの「関係構築したい」という意図を無視する形になっている以上、「否定」といえるでしょう。

**軽い反論のニュアンスが込められた言葉**

×「カーネギーの『人を動かす』は読んだことある？」
「もちろん、読んでますよ！」

○「カーネギーの『人を動かす』は読んだことある？」
「はい。社会人1年目から愛読しております」

×「この商品のポイントは何？」

「先ほど申し上げましたように、当社のみの技術が採用されており……」

○「この商品のポイントは何？」
「そうですね、やはり当社のみの技術が……」

自分の意見をキッチリ述べているだけですから、相手を否定する意図はありません。しかし、コミュニケーションはあくまで相手ありき。相手が「否定された」と感じてしまえば、それまでです。この「もちろん」や「先程申し上げましたように」といった言葉には、相手を軽く否定して自分の優位を示そうというニュアンスが含まれていますので、気をつけてください。

「このひと言で相手がどう感じるか」ということを意識し、極力否定的な言葉を使わないようにできれば、相手を常にいい気分にさせることもできるのです。

明日からやってみよう

## 「意図しない否定」に気をつける

## やってはいけない否定表現

コーヒーでもどうですか？
私、コーヒー飲まないんです
私、怒らせちゃった？

### ❶ 意図しない否定

**相手の好意を無視してしまう**

この商品のポイントは？
ですから、先ほど申し上げた通り……。
バカにしてるのか！

### ❷ 軽い反論のニュアンスがある言葉

**相手を攻撃してしまう**

3 MINUTES TECHNIQUE

50

# 枕詞で言葉がやわらかくなる

## どんな場面でも使えるマジックフレーズ

反対の意見というものは、聴き手にとってはどうしてもとげとげしく聞こえてしまうものです。そんなときは言葉の攻撃力を少しでも弱めて、本質的な内容を受け入れてもらうために、次のような言い方をされることをオススメします。

「スミマセン、私も素人で間違っているかもしれませんが……」

「ちょっと別の立場からの意見になりますけど、よろしいですか」

「小生意気な意見だと思って聴いていただければ幸いなんですが」

## 相手に心の準備をしてもらう

このように切り出せば、普通は後からくるのが反論であることはわかります。先ほども述べた通り、逆説の言葉は「今から反論するよ」というニュアンスが強く伝わりすぎて、相手の態度を硬化させ、聴く耳を持たせなくなってしまう可能性が高いんですね。これではその後の関係につながりません。例に挙げたような、下手に出るくらいの表現にすることでとげとげしさをなくし、相手に心の準備をさせつつ、反感を和らげるように心がけてください。

このような言い方では、相手におもねるようでイヤだと思われるかたもいらっしゃるかも知れません。でも、大事なのはその場での気持ちよりも、相手と末長い関係を築いていくことです。一時の感情に流されず、長期的な視点で考えられる人が大人なのです。ぜひ大人になって実践してみてくださいね。

明日から
やってみよう

**感情に流されず、少し下手に出てみよう**

3 MINUTES TECHNIQUE

51

# 「ポジティブな言葉」だけ使う

## よい言葉を発すると、良い事が起こる

霊や超常現象的なものには特に関心を持たない私ですが、唯一積極的に存在を確信しているのが「言霊（コトダマ）」です。言霊とは言葉に宿ると信じられた霊的な力のこと。古来より日本では「声に出した言葉が現実の事象に対して何らかの影響を与える」と信じられ、よい言葉を発するとよい事が起こり、不吉な言葉を発すると凶事が起こるとされていたんですね。

確かにこれは、脳機能学から考えても当を得ているように思います。脳は自分自身の考えに影響を受けやすく、ネガティブに考えるとネガティブな暗示にかかりますし、普段からポジティブなイメージを持ち続けていれば、思考もポジティブにな

るといわれていますから。

## 「～できない」と言わないようにする

私も特に、どんな言葉を用いるかについては常に意識をしており、極力ネガティブな言葉を使わないようにしてきました。たとえば、このような感じです。

「できません」→「できる方法を考えさせてください」「○○ならばできます」
「忙しい」→「必要とされている」「期待されている」
「疲れた」→「よく働いた」「やり切った感」
「ピンチ」→「成長できるチャンス」
「○○しないと、△△できないよ」→「○○すれば、△△できるよ」
「少ししかない」→「少しはある」
「とられた」→「譲った」
「悪くない」→「いい」

おかげで今は特に意識もせず、自然と言い換える回路になっているようです。ポイントは「ない」と言わないこと、そして受動表現よりも能動表現を使うことです。そのほうが主体的で、よりポジティブな印象を与えるためです。

## ネガティブな言葉を使う人は、ネガティブになる

ネガティブな表現を多用する人にはどうしてもネガティブな印象がつきまといます。特にネガティブな話題ではないのに、話していて何となく気づまりになってしまうような人は周囲にいませんか。そのような方に共通するのは「細かい言葉遣いにネガティブなニュアンスがしみ込んでしまっていること」です。

×「先に△△してからでないと、食べちゃダメ」

○「△△が終わったら、食べていいよ」

×「この書類、明日朝までにつくっといてくれる?」

「今立て込んでて、ダメなんです……」

○「この書類、明日朝までにつくっといてくれる？」

「承知致しました！　ちなみに、明日の何時までなら大丈夫でしょうか。本日中締め切りの書類があと2つ残っておりまして、それが終わってからの着手となりますので、そのような前提でよろしければ……」

×で挙げた例、日常的にも見受けられがちなものかもしれません。×の例も○の例も、言っていることは同じなんです。でも言い方次第で相手に伝わる印象は180度くらい違いますよね。ぜひ普段の会話から細かいところまで意識して、極力ポジティブな表現が基本になるように心がけることをオススメします。

明日からやってみよう

## どんなときもポジティブな言葉を使おう

3 MINUTES TECHNIQUE

52

# 相手との距離感を一気に縮める方法

## 必要なのは、ほんのちょっとの気配り

比較的すぐに実行できる例としては、「細かい話を覚えている」「オススメされたことやモノを実際に試す」ということが有効です。

私自身も多くの経験がありますが、「そういえば、〇〇好きって言ってましたよね」などと、少しだけした話を覚えていただいていると実にうれしいものですよね。もちろんその相手にも親近感を抱きます。さらには誕生日も実に効果大です。普段はご無沙汰でも、1年に1回、この日に簡単でもメール1通、電話1本の連絡をするだけで、強力な関係性を維持することができるのです。少なくとも、誕生日を祝ってもらってうれしくない人はいませんから。

細かい話を覚えること自体は、そんなに難しいことではありません。メモをとってさえいれば記録できますし、誕生日などについては手帳の当該日時に「本日Aさん誕生日」と記してさえおけばいいのです。ささいな努力ですが、この効果は何百倍、何千倍にもなるでしょう。

## 相手の「オススメ」を実行し、報告する

同様に比較的容易にできることで、あまり実践している人がいないこと、すなわちそれだけ有効な方法があります。それは、「相手からのオススメを実際に試す」ことです。**相手との会話の中に出てきた「おいしいお店」「いい音楽」「よかった映画」「必読書」などについて実際に行ったり、聴いたり、見たり、読んだりするんです。**そして、自分が感じた印象と気持ちについて、きちんと相手に報告するんですね。

私自身、よく周囲の人からオススメを尋ねられる機会が多いです。もちろん、尋ねられるだけでも「頼りにされている」という感覚になってうれしいものですが、あとでこちらから聴いたときに満足してくれていればさらにうれしい。そして、相手

側から

「実際に行ってみたんだけど、すごくよかったよ！　すっかり私もファンになっちゃって、次の日も連続して行っちゃった！」

などと言われた日には、もっとうれしくなるとともに、そう言ってくれた人に対して間違いなく好印象を抱いてしまいますね。そして、「また何かあったらこの人には伝えよう」と思ってしまうものです。相手からは喜ばれるし、また情報も自然と集まってくるかもしれない。一石二鳥にも三鳥にもなりますね。

私自身も、周囲に著者が多いもので、言われなくても自らその本を購入し、読んで書評を書いたりしてから報告します。ささいなことですが、やっている人がすくないだけに効果は絶大です。ぜひ実践してみてください。

明日から
やってみよう

## 人から何かオススメされたら、即実行

## 相手との距離感を一気に縮めるコツ

RESTAURANT
おいしいお店
MOVIE
よかった映画
BOOK
必読書
MUSIC
いい音楽
オススメ
実際に試して相手に報告
わざわざ
やってくれたんだ
うれしい！

**オススメされたことやモノを実際に試す**

3 MINUTES TECHNIQUE

53

# 「常につながれる手段」を持っておく

## 少しでも連絡がとりやすい状態をキープする

何かしら、「常につながれる手段」を持っていて、少しでも連絡がとりやすい状態をキープしていることが重要です。そのために次の点に配慮しています。

**①「なんとかして連絡をとる方法」を複数持つように心がける**

↓私の場合はつながりやすい順に、「携帯電話」「携帯メール」「会社メール」「会社ホームページ」「ツイッター」「ブログ」「SNS」「オフィス電話」「自宅電話」「フリーアドレスメール」という10個のチャネルを用意しています。

**②携帯電話番号やメールアドレスなどはできるだけ変えない。仮に変わることが**

**あれば必ず伝える。携帯アドレスやブログ、ツイッター、SNSのアカウントは、発見されやすいよう本名フルネームで登録する**

↓これは立場上、もしくはコンテンツの性質上、誰もが実践できるわけではないと思いますが、この方法によって発見していただき、連絡をくださった方が少なからずいましたので、有効な心がけだと考えています。

**③「気負わなくても、気軽に連絡できる手段」を手に入れる**

↓会社アドレスにメールを送る際は、いくら気心の知れた間柄でも多少はかしこまった文体になってしまうものです。「ちょっと思い出したから、特に用事はないけど連絡してみようかな」と思ってもらえたとしても、手続き上の面倒くささから、連絡をもらうチャンスを逃してしまうかもしれません。そこで携帯メールなど「気軽に連絡できる手段」を伝えておけば、相手も気を使うことなく連絡してくれますね。

明日からやってみよう

## 複数の連絡手段を確保しておく

3 MINUTES TECHNIQUE

54

# 否定するくらいなら、共感しない方法もある

## 交渉に使える上級テクニック

ここまでさんざん、傾聴と共感が大事だとお話ししてきましたが、相手の立場に立ったはずの共感が、場合によってはまったく逆効果になるときもあります。そんな「注意すべき共感」についてみてみましょう。

「お話はわかりましたが、ちょっと今決めるのは難しいです。予算の都合で……」

日々数字を追っている営業職や販売職の方にとってはもっとも聞きたくないフレーズでしょうが、まさにこの瞬間、皆さんの対応力が試されているんです。

「なるほど、確かに高いかもしれませんね。でも、こんなメリットが……」
「そうですか、わかりました。でも、これはもう当店では最後のひとつで……」

このような「Yes,but」方式の答えよりも、さらに有効な方法があります。

ニコニコうなずきながら「皆さんそうおっしゃいます」
驚いた表情で「えぇー！　そんなもったいない！」

両者に共通するのは、「相手の『今は買わない』という判断に共感していない」ということです。「売り手はムリヤリ押してくるだろう」という相手の判断とは違う反応ですので、当然相手は「アレ!?　なんか違うな……」と興味を引かれます。否定語を使うよりも、はるかにその後の交渉がしやすくなります。

明日からやってみよう

## ときには、あえて「共感しない」

3 MINUTES TECHNIQUE

55

# コミュニケーションにいちばん大切なこと

## テクニックよりも必要な心がけ

就職活動時の面接の場面を思い浮かべてください。学生時代にこのようなご経験をされた方も多いのではないでしょうか。

**応募者**　「私にはコミュニケーション能力があります！」
**面接官**　「……（でも、その割には話が長くて分りにくいよね）」

「コミュニケーション力」とは日常的によく使われる言葉ですが、「コミュニケーション力がある」という状態とは、どういうことなのでしょうか。

## 「コミュニケーション」のほんとうの意味

まず、英語としての「コミュニケーション」のもともとの意味を考えてみましょう。英英辞典で「コミュニケーション」をひいてみると、日本語訳として通用している「意志疎通」とか「伝達」という意味は確かに存在します。そしてそのほかに、興味深い説明文が出てくるのですね。「to make common to many share」。あえて単語本来の意味通りに解釈すると、「多くの人が分かち合える『何か』をつくる行為」と訳せます。単なる「伝達」というよりは深い意味合いになりますよね。

「共有できる何かがあること」がコミュニケーションの前提条件だとするならば、相手と共有できるものがない、つまり「自分には関係ない」と判断されてしまった場合、そのテーマが話し手にとっていくら重要なものであっても、コミュニケーションは成立しない、ということになります。

「ねえねえ、昨日のサッカー見てた？　まさかあそこのファールでフリーキックが入るとは思わなかったよね！」

「……（見てないし、興味もないんだけど。早く終わらないかな）」

「ということで、君にはチームリーダーになってもらうことになった。大変だろうが、得るものも多いからキャリアには間違いなくプラスになる。よろしく頼んだよ」

「……はい（ああ、また残業が増えるのかよ）」

私たちは無意識のうちに、「相手は自分の話を聴いてくれているもの」という前提で話をしますし、そうであることを期待しています。しかし実際のところ、例のような「すれ違い」は日々発生しているものです。現実的には、「相手は自分の話をしっかり聴いてもいない」という前提で、きちんと理解されているか確認しながら進めていくくらいがちょうどいいのかもしれません。そう考えるからこそ、私は自分の話を聴いてもらったときには、必ず感謝の気持ちを持つようにしています。

明日からやってみよう

## 「自分の話は聴いてもらって当たり前」ではない

## コミュニケーションのミスマッチとは？

昨日の
サッカー見た？
面白かったね
………。
一生懸命話をしても、
早く終わら
ないかな
実は相手は聴いていない

**「自分の話を相手が必ず聴いてくれている」
とは考えない**

## まとめ

CHAPTER 06

# ワンランク上のステージへ！「できる人の話し方」

1 「コンテンツ」と「コンテクスト」を意識する

2 何があっても否定語は使わない

3 よい言葉を発すると、必ず良い事が起こる

4 人から何かオススメされたら、即実行

5 会話には「共有できる何か」が必要

㊙

# 7 初対面で人を見抜く！ つのチェックリスト

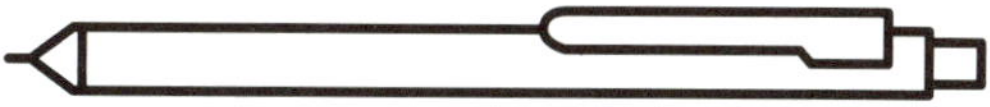

次ページからの7つのポイントを
チェックするだけで、相手の性格がわかります。
それぞれのポイントに対して、
初対面の印象で最も近い答えをA～Dの
中から選んでください。

提 供：株式会社コーチ・エィ

CHECK POINT!

# 1

## こちらの話に対する、相手の反応の速さは？

Ⓐ 速い

Ⓑ やや速い

Ⓒ ややゆっくり

Ⓓ ゆっくり

CHECK POINT!

2

## 相手の話す速さは？

Ⓐ Ⓑ 速い

Ⓒ Ⓓ ゆっくり

CHECK POINT!

3

## 相手の話の長さは？

A 結論から単刀直入に話すので短い

B 話があちこちに飛ぶので、長い

C 前置きが入るなど、
すべてのことを話すのが長い

D 順を追って、
整理しながら話すので長い

CHECK POINT!

4

## 相手の声の調子は？

Ⓐ 断言するような口調

Ⓑ 抑揚がある

Ⓒ 穏やかで、あたたかい印象

Ⓓ 単調で、冷静な印象

CHECK POINT!

5

## 相手の表情は？

Ⓐ 頼れそう

Ⓑ 楽しそう・明るそう

Ⓒ 優しそう・安心できそう

Ⓓ 真面目そう・堅そう

CHECK POINT!

6

## 相手の姿勢は？

A 腕組みや足組みなどをして、近づきがたい

B 身ぶり手ぶりが多く、くだけていてリラックスしている

C うなづきや相づちが多く、相手に合わせようとしている

D 直立不動で、動きが硬い

CHECK POINT!

7

## 会話時における
## 相手のスタンスは？

Ⓐ 要点を簡潔に話す

Ⓑ 人に影響を与えるように話す

Ⓒ 相手の期待や、
望んでいる形に沿えるように話す

Ⓓ たとえ時間がかかっても、
正確に話す

CHECK!

**いかがでしたか？**
**7つのチェックポイントに**
**対して、**

| | |
|---|---|
| Ⓐが最も多い場合は、234ページ | Ⓑが最も多い場合は、235ページ |
| Ⓒが最も多い場合は、236ページ | Ⓓが最も多い場合は、237ページ |

**を見てください。**

TYPE

# A

Aの答えが最も多かった人は……

# コントローラー

- 行動的で、自分が思った通りに物事を進めることを好む
- プロセスよりも結果や成果を重視する
- 他人からコントロールされることを嫌う

TYPE

B

Bの答えが最も多かった人は……

# プロモーター

- 人と、活気のあることをするのが好き
- 自発的でエネルギッシュ、好奇心も強い
- 自分が周囲に影響を与えることを大事にしている

TYPE

# C

Cの答えが最も多かった人は……

# サポーター

- 人を援助することを好み、協力関係を大事にする
- 周囲の人の気持ちに敏感で、気配りに長けている
- 周囲との関係や合意形成を重視している

TYPE

D

Dの答えが最も多かった人は……

# アナライザー

- 物事を客観的に捉えるのが得意で、問題分析の専門家
- 完全主義で、失敗や間違いを嫌う
- 正確性を大事にするため、じっくり考えて行動することを好む

# おわりに

## まずやってみよう
## あなたなら必ずできる!

初対面でのコミュニケーションがまったくダメだった私は、ひたすら地道に、周囲の「できる人」たちを見習いながら、一歩一歩改善していきました。気づいた点は普段のコミュニケーションの中で実践し、効果が感じられたことを確認し、ムリのない範囲で継続していく。本書には、そのエッセンスが詰まっています。

### ■いちばん大切なのは、テクニックよりマインド

実際にいろいろと試していく中で、ほんとうに大事なのはテクニックではなく、「普段からのちょっとした『心がまえ』や『気配り』を継続させること」であり、それは「今、目の前に相対している人をいちばん大事にすること」だと確信を得ました。そして、

今でも愚直に実践しています。

## 最初の一歩を踏み出そう

もしかしたら、本書には「そんなことわかってるよ」「もう知ってるよ」といったものが含まれているかもしれません。では、あなたは実際に「できる」でしょうか。そして、すでに「やっている」と言えるでしょうか。

この「わかる」「知ってる」と、「できる」「やってる」の間には、天と地の差があります。ぜひ今この瞬間から、本書の内容を実践いただいて、その効果を実感してほしいのです。皆さまにとって、本書が新たな一歩を踏み出すキッカケになれば、これ以上うれしいことはありません。

本書が世に出るまでには、実に多くの皆さまのお力添えをいただきました。この本が今ここにあるのは皆さまのおかげです。ほんとうにありがとうございました。

2011年　新春　　自宅書斎にて　　新田　龍

〔著者紹介〕
新田　龍（にった　りょう）
株式会社ヴィベアータ代表取締役。キャリア教育プロデューサー。
早稲田大学卒業後、ビジネスパーソンの転職相談に乗るキャリアコンサルタントの仕事に就く。「初対面の数分で相手から信頼され、本音をヒアリングする」というデリケートな業務を通じて、初対面コミュニケーションの重要性を知り、そのスキルに磨きをかけていく。
その後独立し、現在は人事と教育のコンサルティング会社を2社経営。これまで1万人を越える面接・面談経験を持つ。
現在は、企業研修で「初対面のコミュニケーション」「人脈構築」などの教鞭も執る初対面のプロフェッショナル。その一方で、TVや各種メディアでのコメンテーターや講演、執筆など、「人」と「仕事」にまつわる領域でも活躍中。

URL: http://viebeata.com

本書の内容に関するお問い合わせ先
中経出版編集部　03(3262)2124

初対面の3分で誰とでも仲良くなれる本　（検印省略）

2011年2月2日　第1刷発行

著　者　新田　龍（にった　りょう）
発行者　杉本　惇

発行所　㈱中経出版　〒102-0083
東京都千代田区麹町3の2 相互麹町第一ビル
電話　03(3262)0371（営業代表）
03(3262)2124（編集代表）
FAX 03(3262)6855　振替 00110-7-86836
ホームページ　http://www.chukei.co.jp/

乱丁本・落丁本はお取替え致します。
DTP／中村勝紀　印刷／加藤文明社　製本／三森製本所


ISBN978-4-8061-3960-7　C2034